나에게 묻다

나에게 묻다

정아경 수필집

도서출판 학이사

책머리에

아직 내게
글은
살짝 피우고픈 바람이다.
잠시 한 눈파는 외도이다.
그래서 설레이고 마냥 그립다.

'특기가 무엇이냐' 는 질문을 받으면 나는 말문이 막힌다. 초등학교 때부터 지금까지 숱하게 들어온 질문이지만 그 특기 하나 마련하지 못하고 지금까지 왔다. 굳이 대답해야한다면 '독서' 라고 흐릿하게 답한다. '독서' 가 특기가 아닌 시대이니 더욱 그렇다. 그나마 책읽기를 좋아하지만 그 깊이라는 것도 얕니얕아서 ~작가의 ~작품을 왜 좋아하는지 명확한 이유하나 댈 수 없다. 어중이떠중이처럼 무리에 휩쓸려 시류에 떠밀려 오면서 그래도 놓지 않았던 책과 글이 오늘의 결실을 맺게 했다.

15년 전, 처음 차를 샀을 때다. 면허증이 있었지만 차를 몰아본 적이 없었고 연수도 받지 않았다. '초보운전' 이라 붙이고 동생을 태워 신암동에서 송현동까지 갔다. 동생을 내려주고 돌아오는 길에 무사고 운전 13년차인 큰오빠는 '제대로 갈 수 있을지' 불안한 눈빛으로 바라봤다. 스틱이라 오르막에서 반 클러치를 하지 못해 뒤차 아저씨의 도움을 받아야 했지만 무사히 집으로 왔고, 지금까지 무탈하게 다니고 있다. 출판을 앞두고 막무가내로 차를 몰고 나갔던 그날의 내가 떠오르는 것은 왜일까? 그때 그 용기로 내 글을 내보낸다. 아직은 '초보' 오르막에서 쩔쩔매는 나를 보고 기꺼이 도와줄 손길 있으리라 믿는다.

꿈이었다. 그런데 그 꿈이 눈앞에 있는데 막막하고 두렵다. 내 우리 안에서 나의 보호를 받으며 적당히 위안되었던 내 글이 빗장을 열고 세상을 향해 첫걸음을 내디딘다. 마냥 설레이고 그리웠던 글,

그랬던 글이
아프게 다가온다.
온전히 내 것이 되고
내 삶이 되려나보다.
하여 나는
아직
글을 쓴다고 말하기가
부끄럽다.

차례

제 1 부 나이를 후무리고 싶다

제 2 부 소릿골 가을

제3부 5 · 18 저녁에

제4부 예술 한 접시

▪ 발문 ▪

제 1 부

나이를 후무리고 싶다

경아(慶兒)와 아경(我慶)

신호를 기다리다 '회초리' 라는 현수막에 시선이 머문다. 종아리에 빨간줄 긋는 싸리 회초리의 따끔함에 내 관절이 움찔 놀란다. 단어를 보는 순간 기억장치에 시동을 건듯 영상이 떠오른다. 영상이라 함은 시각적 감각이라 하지만, 오감을 아우르고 있음을 경험한 이들은 알 것이다. '회초리' 라는 단어에 내 촉각이 곧추서고 현실 속에서도 피부가 따끔거림을 인식하는 순간, 기억은 과거의 유산이 아니다. 신호가 끝나고 '회와 초밥이 있는 마을' 이란 간판을 보는 순간 웃고 말았다. 그랬다 '회초리' 는 '회와 초밥이 있는 마을' 이란 횟집의 줄임말이었던 것이다. 예상이 어긋났을 때 느끼는 자괴감은 세상 언저리로 또 한발 밀려남을 확인시켜준다. 기발한 아이디어로 언어의 유희를 즐기는 코미디프로를 보다 함께 웃지 못할 때도 비슷한 감정을 느낀다. 짧은 시간이지만 여러 가지 상상을 하게 해 준 '회초리' 에 들러 소주한잔 하리라 나에게 약속한다.

요즘 이름을 바꾸는 사람이 많아졌다. 특히 중년 여성들이. 내 주변에 중년 여자들이 많으니 그리 느껴지는 것일 수도 있지만 사실이다. '명숙' 이 '현진' 으로 바뀌고, '은순' 이 '은경' 으로 바뀌었다. 고향친구 '숙희' 가 '서영' 으로 개명(改名)했으니 그리 불러달라고 한다. 성명학에 근거하여 전문가에게 작명료를 주고 개명하는 경우도 많다. 성명학에서의 이름은, 음의 파장으로 말에 힘이 실려 길흉(吉凶)을 좌우한다고 한다. 그런 이름을 대충 지어주었으니 이제라도 좋은 이름을 갖고 싶은 것은 당연한 것이다 그러니 바뀐 이름으로 불러주는 것이 바람직하나 수십 년 불러온 이름을 바꿔 부르기도 쉽지 않다. 그래도 행복한 고민이다.

이제는, '남희' 도 이름을 바꾸었다. 매사 빈틈없는 살림살이와 성공적인 자식 교육으로 주위 사람들의 부러움을 받는 그녀다. 아들이 졸업할 때까지 몇 년 만 고생하면 아무런 고민이 없을 것 같은 그녀의 삶을 다들 부러워한다. 그런데 그녀가 이름을 바꾸었다. 그 이유는 지금까지 자신의 삶은 언제나 누군가를 챙겨 줘야 하고, 누군가의 배경이 되기 위해 자신의 몫을 포기하거나 희생했다는 것이다. 사소한 부부싸움으로 화가 난 남희가 저지른 것은 거금 삼 십 만원을 주고 이름을 지은 것이다. 가지고 있는 이름을 버리는 것이 아니라 '아호' 로 쓸 것이란다. 누군가를 챙기지 않고 편안한 삶을 희망하는 그녀의 소망이 담겨서 인가 이름도 '서휴' 다. 이름이 주는 어감만으로도 길 떠나는 나그네처럼 허허로운 자유가 느껴진다.

주말저녁 누나의 전화를 받던 남편의 목소리가 우울하다. 막내 시누이가 디스크 수술을 해야 하나보다. 남편의 한숨 소리가 시추하는 크레인처럼 땅속 깊숙이 파고든다. 딸 많은 집 여자의 이름, 오로지 아들을 기다리며 지은 딸의 이름, '후남' '재남' '재순' 내 시누이들의 이름이다. 남동생을 낳기 위해 부쳐진 '재남' 이가 이제는 당당한 자신의 이름을 가지면 어떨까. 타인으로 인해 굴곡 많은 삶이 자신을 위해 살지 않을까. 자기 것을 위해 욕심한번 낸 적 없는 착한 시누이가 이제는 욕심을 내었으면 한다. 오로지 내 행복을 위한 이름을 가진다면 고단한 마음만이라도 가벼워지지 않을까. 베란다 밖으로 뿜어내는 남편의 담배연기에 ' 형님, 이름이라도 바꿔봐요' 라며 내 심정 실어본다.

우리는 살아가면서 자기소개를 몇 번이나 할까? 자기소개를 하면서 빠질 수 없는 것이 바로 '이름' 이다. 이름은 '나' 라는 대상을 나타내는 기호다. 내가 하는 모든 말과 행동은 '나' 의 이름으로 행하여진다. 그런 점에서 이름은 '나' 의 분신이다. 이름은 이미지화 되어 그 사람을 상징한다. 생활용품을 살 때도 자세히 살피고 구입하는데 우주에서 가장 귀한 자신의 이름을 어찌 소중하게 여기지 않을까. 물고기인 명태도 잡는 시기에 따라 춘태, 추태, 사태, 오태라는 이름이 있고, 말린 정도에 따라 생태, 코다리, 동태, 북어 등의 이름을 가지고 있다. 하물며 먹이사슬의 가장 꼭대기에 있는 고등동물, 인간일진대 어찌 이름을 중히 여기지 않을까. 나는 성명학에 대하여 전혀 모른다. 하지만, 평생 부르는 이름이 중요하다고 생각한다.

불과 몇 십 년 전만해도 부모님께서 지어주신 이름 바꾸는 행위는 불효였다. 이름이 썩 내키지 않아도 그리 불편하지도 않았다. 누구의 딸, 누구의 아내, 누구의 엄마로 살았던 삶이었으니 어디 자신의 이름 한번 버젓이 쓸 기회가 있었을까. 이제는 세상이 바뀌었다. 여성의 사회적 지위와 경제력이 높아지면서 자신의 이름으로 서명하고, 집을 사고, 차를 사면서 여성의 이름은 생명력을 되찾은 것이다. 쓸모없었던 이름이 양지로 나와 삶의 한가운데 서자 이름에 대한 애정이 높아졌다. 이는 당연한 결과이다. 여성의 개명이 유행하는 것은 변화의 또 다른 물결이다. 그늘에 가려진 자신의 정체성을 찾고자 하는 강한 의지며 새로운 가치관이기도 하다. 유행에 민감하고 유행을 따른다는 것, 줏대 없어 보이지만 변하는 시대의 대명사이기도 하다. 그 유행에 동참한 나로서는 더욱이.

나에게도 새로운 이름이 생겼다. 이름을 바꾸리라 생각한적 없고 미리 생각해둔 이름도 없었다. 단지 등단한 잡지사에서 동인 중에 같은 이름이 있으니 뒤에 등단한 사람이 이름을 바꾸는 것이 관례라고 했다. 인사동 거리에서 담배 한개피 피우며 상념에 잠기신 선생님께서 번개처럼 스쳐가는 생각을 잡으며, '아경' 이 좋겠다고 하셨고 나 역시 어색하지 않아 그러리라 동의했다. '경아(慶兒)' 와 '아경(我慶)' 같은 듯해도 다른 이름으로 나는 두 번째 인생을 시작했다. '나의 기쁨' 이란 뜻을 가진 '아경' 이 왠지 이후의 삶은 나를 위해 살 것 같고, 그 삶이 나의 기쁨이 될 것 같다. 머리 스타일만 바꿔도 새로운 기분인데 이름이 바뀌었으니 어찌 새롭지 않을까. 이름에 걸 맞는 삶의 청사진을 그려보고, 바뀐 이름을 불러보고 써 보면서 내 행복에 잠겨 있다.

완전한 슬픔

아흔의 어머니를 잃은, 예순의 선생님을, 마흔의 제자가 찾았다. 예순에 고아 되어 애닯을 것도 없을 법한데 어미 잃은 자식은 그래도 슬퍼 보인다. 굵은 삼베로 지은 상복에 2월 찬 공기가 스며들어 더 춥게 느껴진다. 두건 아래 비친 얼굴에서는 잠못든 고단함과 슬픔이 교직되어 형언할 수 없는 아픔을 그려냈다. 얽힌 인연의 줄, 새끼로 꼬아 허리에 감고 있었다. 육십 년 엮었던 끈을 풀어내야하는 힘든 작업이 선생님의 허리에 감겨 놓아주질 않고 있었다. 끊이질 않는 문상객으로 힘든 아들이 안스러운 어머니의 눈빛이 영정사진 속에서도 촉촉하다. 낯설지 않은 어미의 마음이 내게로 전이된 걸까. 가여운 선생님의 마음을 데워주고 싶었다.

삶과 죽음이 공존하는 영안실에서 만남과 헤어짐을 생각한다. 한 생애 마감하고 편히 누운 망자 앞에 향 피워 절 두 번하고 잠시 묵념

하면 이별이다. 이생에서의 마지막이다. 그 이별을 뒤로 하고 돌아서면 새로운 만남이 기다린다. 소식 끊겼던 반가운 얼굴도 그곳에 있다. 바쁘다는 말로 미루었던 만남이 가능한 곳이다. 죽음은 마땅히 그래야 한다고 여겼던 일상을 멈추게 한다. 제아무리 중요한 일도 죽음 앞에서는 맥없이 풀어진다. 죽음은 잘 돌아가는 영상필름을 끊듯 모든 것을 일시정지 시킨다. 그리고 망자와 인연이 닿은 이들을 불러 모은다. 여기저기서 해후하는 모습으로 망자는 삶을 되감기 한다. 아등바등 했던 삶에 회환을 느끼며 잠시 주위를 둘러보며 긴장을 내려놓으라 한다.

인간의 의지는 위대하다. 불가능을 가능으로 이끈다. 어떤 사회학자는 인간의 의지로 이루지 못할 것이 없다고 한다. 그러나 인간의 의지로도 어찌할 수 없는 것이 있다. 뜻밖의 죽음! 그것은 마치 혜성처럼 다가와 정신을 놓게 한다. 빳빳하게 세웠던 이성의 힘을 단숨에 무너뜨린다. 사랑하여 만나고, 더 이상 사랑하지 않아 헤어지는 그런류의 이별은 참으로 고상하다. 뜻밖의 죽음을 겪어본 이는 알 것이다. 아무 일 없어 나른하기조차 한 일상들이 얼마나 커다란 행복인지를…….

파티마병원 응급실 바닥에 앳띤 모습의 젊은 여자가 널브러져 있다. 표효하는 짐승처럼 울부짖는 여자의 품에는 생후 육 개월에 접어든 아기가 안겨 있다. 아직도 따뜻한 체온이 전해지는데 의사는 고개를 흔든다. '사망했다' 는 칼칼한 음성은 비정한 냉혈인간 그 자체다. 피한방울 돌지 않는 기계처럼 같은 말만 되풀이하는 의사의 말을 부정하고 또 부정하며 아기의 촉촉한 뺨에 얼굴을 부빈다. 젊은 여자는 죽음보다 더한 고통을 안고 있다. 숨 쉬는 일조차 버거운 듯 헉헉댄다. 아기의 아버지가 달려와 넋을 놓는다. 아기의 할아버지, 할머니가 달려와 청천벽력 앞에 털썩 주저앉는다. 아기의 이모, 고모, 외삼촌들이 줄줄이 달려와 뜻밖의 죽음 앞에 현실의 끈을 놓는다. 멈춤이다. 모든 것이 멈추었다. 놓지 못하는 젊은 여자품의 아기는 외삼촌에게 빼앗기듯 안겨 영안실로 향하고, 퉁퉁 불은 가슴은 젖 먹을 시간을 예고하는데 배고픈 아기를 잃은 젊은 여자는 '아가 젖 먹자' 를 외치며 쓰러진다. 짝이 맞지 않는 신발이 차가운 타일 위에 나뒹굴며 처량한 그 여자를 대신한다.

지금도 가슴 먹먹한 슬픔이 맴도는 그 여자는 서른의 나였다. 짤린 필름처럼 기억 없는 시간이 흘렀다. 가족들은 24시간 떠나지 않고 곁에 머물렀고, 높은 열을 동반한 젖몸살이 잦아들 무렵 이사를 했다. 동생의 옆집으로. 삶의 의미를 상실한 나는 모든 것에 방관자였다. 마치 자연의 섭리처럼 여겼던 일들에게서 한발 비켜서 있었다. 자고, 먹고, 씻는 것도 힘겨운 나날 속에 찬란한 오월은 무르익었다. 햇살은 녹차처럼 맑고 푸르스름했다. 눈부시게 아름다운 날에 사랑하는 사람을 보낸 이는 알 것이다. 알알이 빛나는 햇살조차 슬픔인 것을. 다시는 웃지도 못하고 다시는 행복할 수 없으리라 여겼다. 밝은 빛을 피하고 싶어 커튼을 치고 사람이 싫어 집안에만 있었다. 가슴에 커다란 돌덩이 붙박이처럼 박혀 모든 것을 거부했다. 살아도 사는 것이 아니었다.

세 살짜리 딸은 동생네에서 살다시피 했다. 지금 생각하니, 혼자 두면 안되겠다는 엄마와 언니의 염려가 동생네 옆집으로 이사를 한 듯하다. 동생은 틈틈이 문을 열어보고 말없이 나가곤 했다. 넘어졌다며 우는 딸의 여린 무릎에서 몽글몽글 흐르는 붉은 피를 보자 잃었던 빛깔이 되살아나듯 검게 장막쳐진 내 생활에 한줄기 빛이 투영되었다. 이 아이조차 잃을 것 같은 두려움에 하염없이 흐느꼈다. 그런 나를 안고 단풍잎 같은 손으로 등을 토닥이며 "엄마, 울지마"라는 세 살의 딸 앞에서 비로소 정신을 차렸다.

나에게서는 멈춘 시간이었으나 시간은 흘렀고, 흐르는 시간 속에 모두들 웃고 행복을 누리고 있었다. 세상 사람들에게 배신감을 느끼며 차가운 시선을 보낼 즈음 뜻밖의 사고로 어린 아기를 잃은 내 또래 여자의 모습이 TV에 비쳤다. 나만의 슬픔이라 여기며 세상에 등

돌린 오해가 풀려지는 순간이었다. 나 아닌 다른 사람도 아기를 잃고 슬퍼한다는 사실만큼 위안이 되는 것은 없었다. 같은 슬픔을 갖는다는 그 이유 하나로 무언의 위로를 받고, 나는 다시 세상을 향한 발을 내디딜 수 있었다. 어쩌면 내가 또 다른 누군가에게 진심으로 위로가 될 것을 어렴풋이 예감하면서.

정지되었던 시간이 다시 돌아가고, 아픔 한 조각이 내 삶인 듯 아닌 듯 그렇게 잊혀지고 있다. 지금도, 자식 잃고 울부짖는 부모의 모습을 보면 명치끝이 아린다. 그리고는 중얼거린다. - '참 신기하지만요. 살아지고 잊혀져요. 세상 고통이 당신에게 퍼부어진 듯 힘들겠지만, 고통만큼 아파하고 나면 다른 누군가에게 위로가 될 날이 올 거예요. 지금은 그냥 슬퍼하세요.' - 내가 어떻게 할 수 없는 것이 '운명' 이라면 그걸 받아들이는 것이 유일한 방법이다. 온몸으로 받아들이는 것이다. 아파하고 슬퍼해야 한다. 더 이상 아플 것이 없을 때까지. 더 이상 슬퍼질 수 없을 때까지. 고통의 끝에서 고통과 마주선 뒤에야 비로소 치유가 시작된다. 오월에 사랑하는 사람을 잃고 눈부신 햇살 아래 서면 '찬란한 슬픔' 이란 시어가 가슴깊이 녹아든다. 그렇게 내 삶도 조금씩 익어가고 있었다. 슬픔을 이겨내며 한 구절 시를 이해하면서.

언제였던가. 기억이 없다. 아니 기억을 하지 않는다. 그렇게 억지를 부린다고 구멍 난 기억조각이 메워지지는 않는다. 어설픈 땜질이라도 하려고 살포시 꺼내다가 다시 짚어 넣곤 했다. 아직은 이르다. 아직은 상처투성이다. 세월이 약이라면 그 명약은 기다림. 기다리자며 묻어둔 아픔이다. 어미 잃은 선생님의 슬픔 앞에서 아무런 위로도 할 수 없는데 본능적인 그 아픔이 되살아났다. 치명적인 아픔을 겪고 있는 사람에게는 그 어떤 말도 위로가 되지 않는다. 유일한 위안은 같은 아픔을 겪은 사람의 따뜻한 눈길이다. 문상 와서 함께 아파했던 이들이 일상으로 돌아가고, 선생님 역시 괜찮은 듯 일상으로 돌아왔지만, 문뜩 뜻하지 않은 곳에서 왈칵 슬픔이 치밀어 오를 것이다. 어머니가 좋아하는 음식 앞에서, 어머니의 웃음 닮은 노파의 모습에서 복받치는 눈물을 참아야 할 것이다. 아흔의 어머니를 잃은, 예순의 선생님께, 마흔의 제자는 이 말이 하고 싶었다.

"선생님, 완전한 슬픔도, 완전한 기쁨도 없답니다."

나이를 후무리고 싶다

나이는 숫자에 불과하다고 한다. 하지만 나이란 어쩔 수 없이 그 나이에 맞는 삶을 요구하고 그러다보니 사고나 행동도 그렇게 되는 경우가 대부분이다. 그 예상을 깨고 사는 이들을 보면 부러움이 앞선다.

'문인협회 가입이 인준되지 않았습니다. 미안 합니다' 라는 지극히 사무적인 메시지를 받는 순간, 가슴이 철렁 내려앉았다. 함께 신청한 문우에게 전화를 했더니, 속상해서 울고 있었다. 문인협회 입회 신청서를 내놓고 인준을 기다리고 있던 중이었다. 추천해주시는 분의 영향력으로 당연히 승인될 거라 믿고 있어서인가. 예상치 못한 일이었다. 가슴에 용암이 솟구치듯 뜨거운 것이 온몸을 휘감았다. 그러나 만우절 장난임을 확인하는 데는 긴 시간이 필요치 않았다. 그 나이의 선생님께서 그 날을 기억하며 제자에게 장난을 치리라 생각도 못한 것이다. 뜨거워졌던 몸에서 시원한 바람 한줄기 일었다. 유쾌해졌다. 이어 삶이 가벼워졌다. 반을 바꾸어서 수업을 하지 않거나 거짓 쪽지를 친구에게 전하며 즐겼던 만우절. 만우절 장난은 학생 때나 하는 것으로 인식된 내게, 나이 지긋하신 선생님의 장난은 신선한 충격이었다. 누군가에게 장난을 친다는 것은 그 내면에 아직도 때 묻지 않은 순수함이 있다는 것이 아닐까.

미니스커트에 굽 높은 부추를 신은 나를 보고 친구가 그런다.

"가시나, 마흔에 무신 꼬라지고?"

"마흔이니까 발악한다. 더 늦기 전에……."

누가 그랬던가. 마흔 이후의 얼굴에는 책임을 져야 한다고. 살아온 삶의 이력이 얼굴에 나타나기 때문일 것이다. 마흔이란 세월은 부모에게서 물려받은 유전적 잣대로 '잘 생겼다 못 생겼다' 를 묻어버리기에 충분한 시간이다. 이목구비 뚜렷하고 미인이었을 법한 외모가 마귀할멈처럼 바뀌는 사람, 못생긴 외모가 후덕한 성인처럼 빛나는 사람. 사람의 얼굴을 보고 있으면 그 사람의 심성이 점쳐지기도 한다. 그러나 외모나 나이에서 느끼는 예상을 뛰어넘는 반전을 확인할 때 그 사람의 진면목을 보게 된다. '저 나이에 어쩜' 이란 말로 강한 느낌을 대신하지만 오래도록 가슴에 남아 나른한 삶을 채찍질한다. '닮아가라 너도'

이런 저런 이유로 원하는 것을 제대로 하고 살았던 적이 없다. 어린 시절 '부모은중경'을 읽으며 자란 탓에 부모님 얼굴에 먹칠하지 않기 위해 모범생이 되어야 했다. 학교 담장을 넘어 자장면도 먹고 남학생들과 미팅하는 친구들이 부러웠던 적이 있었다. 야간자습을 빼먹고 음악연습실로 가는 친구를 말리던 난, 신디사이즈를 연주하는 친구에게 푹 빠져버렸다. 일어서는 내면의 자아를 눌러야 하는 길들여진 나의 이성 때문일까. 틀을 깨는 용기에서 '자유'를 본 것일까. 내가 가지지 못한 것을 가진 친구를 만나면 나는 빠져들었고 그들의 튀는 행동에 매료되었다.

옷을 입어도 항상 적정선에서 벗어나지 못했고, 그럴 자신도, 감각도 없었다. 그래서 주변의 시선보다는 자신의 개성을 중시하는 친구가 항상 좋았다. 내 친구들 중에는 남과는 다른 사고를 가지고, 남과는 다른 삶을 사는 친구가 많다. 난 그들을 만나면서 대리만족을 하고 있었는지 모른다. 내 이름 앞에 수식어가 하나씩 늘 때마다 내 행동에는 더 많은 장애가 따랐다. 이혼을 생각하다가도 '애들은…….', 일탈을 꿈꾸다가도 '누가 본다면…….' 스스로 주문 외우듯 주저하기 일쑤였다. 그랬다. 적어도 지금까지의 나는. 언제나 나를 둘러싼 주변을 생각하고 그 구성원으로써 부적절한 행동은 하지 않으려 노력했다. 그런데 지금, 질풍노도(疾風怒濤)의 사춘기도 아닌데 왜 거역하고 싶은 것일까?

마흔에 비로소 나를 보게 된 것이다. 유독 가질 수 없는 것에 미련이 남듯 되돌릴 수 없는 시간 앞에 아쉬움을 감출 수 없다. '그때 그럴 것을' 지금까지 버리지 못한 미련이 한둘이 아니다. 무한하리라 믿었던 젊음의 향연 끝자락에서 위기를 느낀 것인가. 언제일지 모르는 내 삶의 마침표를 의식해서 인가. 마흔에 나는, 나를 본다. 마흔의 나는, 나이를 훔치고 싶다. 누구를 위해서가 아닌 나를 위해서 살고 싶다. 얼마 전, 백화점 진열장에 걸린 원피스가 눈앞에 아른거리며 떠나질 않는다. 마네킹이 걸친 옷을 모델처럼 입고 사향으로 만든 향수를 뿌리며 매혹적인 여인으로 변신하고 싶다. 물 오른 탄력은 아닐지라도 고혹적인 이미지로 거부할 수 없는 매력을 발산하고 싶다. 누구나 한번쯤 돌아보게 하는 미소를 흩날릴 수 있다면, 나이를 잃은 나를 후무리고 싶다.

충북도 농업기술원 윤종신 박사가 5년 간의 연구 끝에 개발한 '향기 나는 호접란' (원명:도리테놉시스)이 화제가 되었다. 국내에서 재배되는 대부분의 호접란은 '향기 유전자' 가 열성이어서 향기 없는 것이 단점이었다. 외국에서 비싼 로열티를 물어야 하는 어려움을 윤 박사팀이 해결한 것이다. 개발된 호접란은 모본인 도리테놉시스와 비슷하거나 약간 작고, 핑크빛을 띠고 있으며 '나도 풍란' 의 은

은한 향기를 낸다. 꽃이 크고 형태가 나비모양이며 개화기간이 길어 선물용으로 인기가 많다고 한다. 향료나 향수로 사용될 경우에는 부가가치가 상상 이상이라니 참으로 반가운 일이다. 그대로 두었다면 도태되었을 유전자를 접목하여 더 나은 새 품종을 개발한 경우다. 황금물결의 장본인인 황금빛 이삭과 하얀 알갱이도 처음에는 돌연변이였다. 돌연변이의 출현을 눈여겨 본 이에 의해 녹색혁명이 가능했다.

내 세포에 스며든 우성인자가 부모에 의해, 환경에 의해 지금의 나를 있게 했다면 이제는 생뚱맞은 돌연변이 하나쯤 나타날 때도 되지 않았을까. 그대로 두면 잊혀 질 나의 열성유전자. 어느 날, 돌연변이 되어 새로운 모습의 나를 그릴 수 있길 기도한다. 더 낮은 곳에 시선을 묻고, 더 높은 곳에 이상을 걸쳐, 가장 유치한 발상으로 잠자는 나를 두드려 본다. '그 나이(?)' 에 장난을 걸 수 있는 소년 같은 선생님의 모습에서 시간을 되돌리는 마력을 본다. 나도 그렇게 살고 싶다. 사회속의 나와 훔치고 싶은 나를 두고 사선을 넘나들듯 의식을 넘나든다. 의식은 행동으로 나타나 '그 나이에(?)' 라는 소리를 듣는다. 싫지 않은 소리, 많이 듣고 싶은 소리다. '그 나이에(?)' 는 관습을 깨는 소리고 나를 깨는 소리다. 내 속의 금기를 깨고 새로운 나를 만드는 삶의 이중주는 지금도 진행 중…….

나에게 묻다

바람이 그립다. 고향의 칼바람이. 겨울에는 바람소리가 매섭다. 가야산 끝자락에서 불어 닥친 바람은 앙상한 들판을 사납게 후려치고는 골목마다 휘두른다. 고등학교를 대구에서 다닌 나는, 주말이면 막차를 타고 집으로 갔었다. 버스가 뿜어내는 히터에 머리가 어지럽고, 탁한 공기에 속이 울렁거렸다. 꼬불꼬불 금산재 넘으면 속에서 올라오는 신물을 참아야 했다. 그러다 종점인 넓은 공터에 차를 세우고 시동을 끄면 지루했던 내 멀미는 끝이 났다. 고무 타이어에 바람 빠지듯 쉐~하는 소리와 함께 굳게 닫혔던 앞문이 열리면 눈물까지 맴도는 칼바람이 고향에 왔음을 확인시켜 준다. 종점에서 잰걸음으로 십오 분 거리에 집이 있다. 함께 걸어갈 일행이 없는 날은 내 발자국 소리에 간이 조여드는 듯한 무서움과 목구멍까지 차고 드는 겨울바람에 등줄기가 오싹해지도록 움츠려야 했다. 깊기만 한 그곳이 유배지 같았는데 도회지 사람이 된 지금은, 그 곳의 바람소리가 그립다.

뭘 쓸까? 풀리지 않는 매듭을 끌어안고 한 주를 보냈다. 좀 더 그럴듯하고 감탄을 자아내는 글을 쓰고 싶어 안달이 난, 나를 본다. 이제 걸음마를 시작해 놓고 달리고 싶어 운동화를 사 놓은 듯 마음이 조급하다. '난 달라. 문학을 하거든' 자만심으로 가득 찬 내 욕심은 나를 더욱 궁지로 몰고 있다. 드러내고 싶은 욕망을 마음이 먼저 눈치채고 채근한다. 엉킨 실타래를 풀지도 못하면서 근사한 스웨터를 짠 나를 꿈꾸듯 마음이 앞선다.

꿈을 이룬 나의 모습을 그려보곤 한다. 마흔에 작가가 된 박완서 선생님을 생각하며 아직은 여유가 있었다. 이제는 나도 그즈음에 왔는데 아직도 제자리다. 노력 않고 꿈만 꾼 것이다. 십년 습작에 소설가가 된 황춘자씨 이야기에, 마음속으로 그린 꿈일지라도 부끄러웠다. 그래도 난 꿈을 꾼다. 그 꿈을 즐기며 그리워한다. 그리움에 무게를 다는 것은 의미가 없다. 단지 개인의 상황에 따라 그 깊이가 다를 뿐이다. 작가를 향한 내 그리움의 끝은 어딜까. 완성된 작곡가의 악보처럼 감미롭게 마무리 될 수 있을까.

다시, 나에게 묻는다. 나는 왜 작가가 되고 싶은가. 나는 왜 글을 쓰는 것인가. 단순하고 진솔한 것에서 감동이 온다는 것을 미처 깨닫지 못하고 억지 부리는 나를 본다. 글 속에서 반성을 하고도 글 밖으로 나가면 여전히 '내 삶은 한 단계 업' 이란 듯 도도하게 굴지도 모른다. 나 역시, 완성된 삶을 향해 달려가는 모순투성이에 불과하기 때문이다. 생각과 실천사이에서 긴 줄다리기를 한다. 끝나지 않을 줄다리기는 한동안 계속될 것이다. 원고지 앞에서와 일상의 삶 앞에서…….

"내 어느 날 그대 향한
바람이고 싶어라
울 넘어 물 넘어 뫼라도 불어 넘어
그 가슴 들이 박고는
뼈 부러질 그런 바람"

선생님의 시다. 내가 보기에는 맥심 모카골드 커피를 한 잔 마시고 나면 시 한편 낳는 것 같다. 선생님의 시 쓰기는 술술 풀리는 실타래 같아 보인다. 그 비결은 뭘까. 타고난 재능일까. 삶의 연륜일까. 깊은 고뇌에서 잉태된 것일까. 아직도 때 묻지 않은 시어를 어디서 건져 내는 것일까. 잔잔한 호숫가에 앉아 어설픈 물수제비뜨듯 내 질문은 포르르 포르르 가라앉는다.

바람 부는 앞동산에 서서 소나무 숲에 스치는 겨울 바람소리를 다시 듣고 싶다. 놀이터로 삼았던 앞동산에 가면 몸통이 S자로 자란 소나무가 있다. 한아름 되는 두께는 겨울을 이겨낸 세월만큼의 나이테를 부여안고 있다. 소나무 양가지에 널따란 잔가지들이 마치 둥지처럼 아늑했다. 그곳에 올라가 눕기도 하고, 서서 신작로를 바라보기도 했다. 병목처럼 생긴 골짜기에 옹기종기 둘러앉은 마을들이 보인다. 뽀얀 먼지바람 일으키며 휭하니 달려가는 자동차 꽁무니에 맴도는 기름 냄새는 아쉬움이었다. 굵은 몸통을 가진 미루나무 위에 돋아난 연둣빛 잔가지들의 살랑임은 내 모습이었다. 시골에 붙박혀 어쩌지 못하지만 마음만은 도시로 향하고 있었다. 미루나무가지 벗 삼아 자동차 달려간 그 길 따라 가면 내 꿈을 만날 수 있을 것 같았다. 막연히 가졌던 도시에 대한 동경으로 몸살을 앓았던 기억이 새롭다.

동경했던 그 곳에서 새로운 그리움을 안고 소나무 둥지 위를 그리워한다. 이제는 막차를 탈일도 없고, 혼자서 무서움에 떨었던 오솔길도 포장되어 가로등이 밝히고 있다. 그래도 내 몸속에 도는 탁한 기운을 고향의 청정한 바람에 씻어내고 싶다. 본능인가. 태어난 곳에 있을 때는 새로운 세계를 꿈꾸며 그곳을 탈출하기위해 몸부림쳤었는데 그토록 꿈꾸던 세계에 터를 잡고 그 삶에 익숙해지면 떠나온 곳을 다시 꿈꾼다. 나도 그러하겠지. 작가의 길을 꿈꾸고 그곳을 달려가고 싶어 하지만, 작가가 되고 난 뒤에는 순수한 열정에 사로잡힌 지금의 나를 그리워할지도 모르리. 어차피 현재의 자리에서 끊임없이 그리움을 갖는 것이 본성이라면, 내 그리움은 고향이고, 어머니고, 작가이고 싶다. 아직 풀리지 않고, 어쩌면 영원히 풀 수 없는 꿈일지라도 나는 행복하다. 돌아갈 고향이 있고, 기다리는 어머니가 있고, 아직 포기하지 않은 꿈이 있다.

햇볕에 그을린 까만 얼굴로 도시를 열망하던 촌뜨기 가시내의 모습 위로 작가를 꿈꾸는 내 모습이 포물선을 그린다. 작가가 되지 않더라도 나는 이미 작가다. 삶을 정화하고 삶을 깊이 있게 바라보는 성찰이 시작되었기 때문이다. 글쓰기의 궁극적인 목적은 인생의 참맛을 알아가는 것이다. 모든 예술이 그러하듯이. 그것이 타인의 가슴 들이 박고 뼈 부러질 바람은 아닐지라도 내 가슴속에 바람을 일으키기에 충분한 것이니까.

빗물로 씻는 자존심

거울앞에 선 나는, 내가 아니다.

잘 익은 감을 닮은 주황색 폴라 티셔츠에 바짓단 위로 세 개의 단추가 나란히 선 하얀 바지를 입었다. 까만 목걸이를 멋스럽게 가슴 위로 내려놓았다. 셔츠와 같은 색깔의 나비 귀걸이를 거는 순간, 한 쌍의 나비가 내 속에 날아들었다. 마무리로 주황색 샌달을 신었다. 머리부터 발끝까지 변신했다. 제법 폼 난다. 그러나 이 모습은 내가 아니다. 현진표, 변신 경아인 것이다.

'나도 저렇게 나이 들어가야지' 라는 느낌이 드는 사람을 만나기란 드물다. 그러나 내겐 9년 전부터 그런 선배가 있다. 1998년 가을이었다. 독서지도사 자격증을 따기 위해 등록한 Y대에서 그녀를 만났다. 늘 밝고 힘찬 모습이 매력이었다. 인생이 뭐 별거냐며 고민없이 사는 듯한 몸짓과는 달리, 중심을 가지고 살아가는 인생관을 가진 삶의 태도가 좋았다. 그녀의 경쾌함은 보는 이에게 신선한 자극이 되기에 충분했다. 특히 그녀의 감각적인 옷차림은 분위기를 압도했다. 어떤 계절, 어떤 장소이든 그녀의 옷차림은 시선을 받았고, 그만큼 세련되고 멋스러웠다. 나보다 6년 먼저 살아가는 그녀는 어느새 나의 목표가 되어 있었다. '나도 저 나이에는 저런 모습이었으면' 하며 뒤따라가게 된다. 그런 그녀가 '현진' 이다.

나의 변신에는 이유가 있었다.

대학 개교 50주년 기념행사로 동문가족 한마당이 있었기 때문이다. 나와 남편은 캠퍼스 커플이다. 연애와 결혼은 따로라는 사고가 보편화 되던 시기였다. 현실에 맞춰 결혼하는 애인으로 인해 깨어지는 커플이 종종 있었다. 그즈음 나와 남편은 3년 동안의 연애에 종지부를 찍고, 결혼발표를 했다. 나의 순수와 열정이 매력이라던 동기 B가 느닷없이 결혼을 반대했다. 지질이도 가난한 내 남편의 형편을 아는 B는, 사랑은 감정이 아니라 현실이라며 다시 생각하라 했다. 사랑만 있으면 인생의 고난을 헤쳐 나갈 수 있다고 믿는 나에게 B는 집요하게 반대했다. 내 선택에 희망의 메시지는커녕, 제동을 거는 B의 냉철한 논리에 질려갈 즈음, 그녀는 대전으로 발령이 났고, 그 해 12월 난 결혼을 했다. 그리고 14년이 흘렀다. 그런데 이번 행사에 B가 온다는 것이었다. 잊고 있었다. B의 존재도, 나의 선택도.

B의 눈에 비쳐질 내 모습이 어떨까? '피부 관리 좀 할 걸, 팔은 왜 이리 굵어' 하며 평소에 외면했던 외모에 신경쓰기 시작했다. '너의 우려는 빗나갔다.' '결국 내 사랑이 현실보다 강하다' 이런 류의 자존심과 허영이 얽힌 오기가 생겼다. '있는 그대로' '진실하게' 를 외치던 평소의 가치관은 파도 앞의 모래성처럼 와르르 무너졌다. 그만큼 B의 존재는 내가 넘어야 할 벽인 것이었다.

뭘 입고 갈까? 옷장을 열어 이 잡듯 뒤졌다. 여름인지라 변변한 옷이 없었다. 나의 멘토인 현진, 그녀에게 도움을 청했다. 친절한 그녀는 액세사리에 신발까지 맞춰서 보내주었다. 거울 앞에 선 난, 그녀가 추천한 복장으로 한껏 폼을 잡고 있었다. 체육복에 축구화 챙기던 남편은 나의 변신에 약간 놀랐나보다. '뭘 그리 예쁘게 해가냐? 잘 보일 사람 있냐?' 며 편한 옷 입는 게 나을 걸 했다. '당신이 어찌 내 마음을 알랴' 굳이 변명하고 싶지 않아

"당신 장가 잘 갔다는 소리 들어야지"

하며 나섰다.

비가 억수같이 쏟아졌다. 그러나 오랜만에 모교로 가는 길이라 그 빗소리도 음악처럼 감미로웠고, 옛 추억으로 데려다 주는 전령 같았다. 경산을 지나 하양으로 가면서 내 기분은 스물두 살로 돌아갔다. 딸들에게 아빠, 엄마의 연애담을 들려주었다. 더욱 로맨틱하

게 각색하는 것은 기본이었다. 딸들은 단군신화를 들을 때보다 더 신비로워했다. 부모로만 존재했던 사람들에게 각자의 삶이 있었다는 사실조차 생소한지 질문이 꼬리를 물었다.

드디어 문천지가 보였다. 학교입구에 자리한 저수지인 문천지는 수많은 학생들의 사연을 들어주는 넉넉한 벗이었다. 문천지에 떨어지는 빗방울들이 우리의 등장을 반기는 오케스트라의 팡파레처럼 경쾌했다. 변했다. 더 넓어지고 더 아름다워졌다. 가건물이었던 본관이 웅장하게 중심을 잡고 있었다. 행사장은 본관 15층. 반가운 얼굴들이 보이기 시작했다.

"야~ 경아는 갈수록 예뻐지네."

라는 선배들의 말에 겸손하게

"뭘요, 내 나이가 얼마인데요."

했다. 그러나 속으로는 '당연하지, 내가 얼마나 신경 썼는데……' 하며 카멜레온처럼 색을 바꾸었다. ㅂ선생님 초청강연에 이어 결산보고까지 본행사가 끝났다. 이제 뒤풀이만 남았다. 망가지기 전에 B를 만나야 했다. 그러나 B는 보이지 않았다. 간사로 있는 후배에게 물어 보았더니, B는 일이 생겨 못 온다고 했다.

'이 · 럴 · 수 · 가!

뒤풀이는 5층 강의실에서 있었다. 책상을 밀어낸 시멘트 바닥에 신문지 한 장씩 깔고 철퍼덕 앉았다. 재학생들이 구워내는 부추전과 족발안주는 주말 밤공기를 달콤하게 했다. 여기저기서 '건배'를 외치며 술잔이 돌았다. 한껏 멋을 낸 복장이 뒤풀이에는 여간 불편한 게 아니었다. 앉았더니 뒷허리가 쑤욱 나와 괜시리 윗옷을 당겨 내렸고, 그러면 민소매 팔뚝이 허전했다. 꽉 끼는 허리 때문에 배에 힘을 잔뜩 주고 있어야 했다. 멀리서 그런 나를 보고 남편은 의미 있는 웃음을 지었다. 태연한 척 소주 한잔을 마시고 부추전에 고추장 찍어 맛나게 먹었다. 하얀 바지위에 떨어진 빨간 고추장을 보는 순간 내 얼굴도 빨개졌다. 내가 아닌 나로 그 자리에 와 있는 듯 불편했다. 기분 좋게 취해가는 남편을 두고, 졸리는 두 딸을 데리고 집으로 향했다.

하얀 바지에 선명하게 찍힌 고추장이 잔뜩 겉치레한 내 모습 같았다. 잦아든 빗방울에 문천지도 잠이 들었나 고요했다. 칠흑 같은 밤길에, 사랑은 현실일 뿐이라던 B의 얼굴이 떠오른다.

다시 시작이다

세상이 뒤틀린다. 하늘과 땅이 울렁인다. 머릿속은 고장 난 라디오처럼 신경 거슬리는 잡음들이 공중회전돌기를 한다. 거대한 쓰나미가 들이닥친 듯 창자들이 소용돌이친다. 소장, 대장이 받아들일 수 없다고 쳐 올린 음식을 위라고 고스란히 저장할까. 식도를 타고 올라오는 음식물을 힘겹게 게워낸다. 역한 냄새는 두통을 자극하고 마지막 남은 신물까지 퀘액퀘액 토해내고야 고요해진다. 감동 없이도 눈물샘을 자극할 수 있음을 그 상황에서 느낀다. 눈물은 뺨 위로 흐르고 누르딩딩한 얼굴은 잔뜩 부어있다. 엉금엉금 기어서 다시 자리에 눕는다. 기진맥진이다. 다시는 맑은 머리로 생활할 수 없을 것 같은 불길함이 엄습하고, 갖가지 불행을 떠올리며 누워있다. 가족들은 배려하며 쉬라고 문을 꼭 닫아 주었다. 수저 놓는 소리, 맛나게 먹는 음식소리, 간간히 들리는 웃음소리는 극도의 소외감을 느끼게 했다.

꿈같은 단잠이었다. 한결 살 것 같다. 머리를 들고 똑바로 섰다. 직립보행의 위대함을 예찬하는 것은 아니지만, 두 발로 설 수 있음에 안도감을 느꼈다. 다시 살아난 듯 하루를 활기차게 준비한다. 건강한 무리에 끼여 생활하는 즐거움을 누리듯 발걸음도 가볍다. 만나는 아이들에게도 살갑게 대한다. 중학생부터는 수업 전에 신문을 스크랩해서 발표하게 한다. 폭넓은 지식을 얻을 수 있기에 강조를 한다. 때론 친구의 의견에 반론을 제기하며 즉석에서 토론을 하기도 하며 진지한 시간을 갖는다. 무게 있는 정치기사도 나름대로 견해를 밝히는 폼이 제법 어른스럽다. 똘똘한 소영이가 이번에도 정치기사를 스크랩했다. 말이 앞서는 대통령의 자질에 대한 의견이었다. 벌집 쑤셔놓듯 벌여놓고 수습은 하지 못한다고 비난과 함께 내실 있는 정책을 당부했다. 매사 자신이 맡은 일에 철저한 소영이의 눈에 정치하는 사람들의 모습은 풀 수 없는 수학문제보다 더 이해할 수 없나보다. 그런데 그 제자의 당찬 질책이 부메랑처럼 내 가슴에 꽂히는 이유는 뭘까.

그랬다. 나 역시 바쁘다는 이유로 무엇 하나 제대로 매듭짓지 못했다. 한해의 끝자락에 와 있음에도 불구하고 늘 하던 주변사람들 돌아보며 감사의 인사도 못했다. 새 수첩을 받아놓고도 정리하지 못했다. 가르친다는 명목으로 그 자리에 앉아서 도리어 배워서 왔다.

깊은 밤이다. 식탁 위 작은 전등불빛만이 밤을 잊은 나를 비추어 주고 있다. 깊은 잠에 빠진 가족의 고른 숨소리가 마음을 안정시킨다. 온전히 나 혼자다. 숨가빴던 일 년을 정리하기 위해 마련한 시간이다. '많이 벌었네. 수고했어. 그런데 저축은?' 계획성 없이 살아온 일 년이 후회로 남는다. 나라의 위기 앞에 놀랍도록 단결되는 우리 민족은 위태로운 역사를 제자리에 돌려놓곤 했다. 고려시대 원의 침입 때도 그랬고, 일제강점기 때도 그랬고, 외환위기 때도 그랬다. 그러나 조금만 안정되면 또 다시 분열되어 파벌싸움을 일삼고, 과소비를 한다. 그 핏줄이 고스란히 내게 옮겨왔나 보다. 남편의 사업실패로 가정이 휘청 일 때 어땠는가. 100m 달리기 출발선에서 운동화 끈 다잡는 선수처럼 마음부터 동여매지 않았던가. 작은 것에서 만족을 누리며 그 힘겨움 속에서도 저축을 하며 내일을 향한 꿈을 차곡차곡 쌓았지 않은가.

지금의 난, 피곤하다고 외식하고, 기분 좋아서 한턱 쏘고, 내가 버니까 사야했다. 이런저런 이유로 나의 소비는 늘어만 간 것이다. 늘어난 수입만큼의 저축이 아니라 늘어난 수입만큼의 소비를 하며 살았던 것이다. 이젠 그만. 마냥 질주하던 나의 과소비는 여기서 멈춰야 한다. 위기에 대비하여 벽을 쌓아야 한다. 역사수업을 하며 느꼈던 선조들의 모순을 되풀이 하고 싶지 않다. 몇 백 년을 내다보는 안목은 지니지 않았다하더라도 몇 십 년 후는 대비해야 하지 않을까. 새 수첩에 새 목표를 정한다.

다음날, 은행에 근무하는 친구에게 갔다. 다소 무리인 듯한 적금 통장을 만들었다. 시작이 반이라 했지. 벌써 만기일이 되어 목돈을 손에 쥔 듯 뿌듯하다. 일 년 동안 내 모습이 어떻게 변할까. 스스로를 기특해하며 다가올 새해를 기다린다. 소중한 비밀하나 간직한 듯 통장을 깊숙이 감춰놓았다. 내실 있는 정책을 주장하던 제자의 말 한마디가 나를 깨우쳤다.

바닥난 체력은 장염과 몸살까지 앓게 했다. 아플 때는 죽음을 눈앞에 둔 사람처럼 소외를 느낀다. 그러다 조금씩 회복이 되고 마지막 약봉지를 먹고 한숨자고 일어나면 넉넉해진 나를 발견한다. 세상 모든 것이 아름답게 보인다. 벅차다고 느낀 일조차 할 수 있음에 감사하게 된다. 소외되었던 식탁에 합류했을 때는 행복이 물밀 듯 밀려온다. 건강해야 긍정적인 시고가 나오고, 여유가 있어야 누릴 수 있다는 생각이 든다. 다시 회복한 건강은 삶을 적극적으로 대하게 한다. 아팠던 시간만큼 진지하게 한 해를 마무리 했다. 주위를 돌아볼 여유가 생긴다.

연말이다. 동면해야 하는 나무의 생태 따윈 아랑곳없이 전구들이 친친 감아 현란한 밤풍경을 연출한다. 마무리한다는 명목으로 모임마다 과음과 음락한 놀이문화로 밤거리는 야누스의 탈을 쓴 사람들로 가득하다. 와인 한잔 마시며 기다렸던 남편은 모임에서 새벽이 되어서야 돌아왔다. 남편에게서도 밤 문화를 즐긴 흔적이 역력하다. 새해 홀로 계신 어머님과 보내야겠다고 생각했던 나는 괘씸한 마음에 가지 않기로 작정했다. 그 넉넉했던 마음은 온 데 간 데 없고 용심 가득한 아낙네가 심술부리며 있다. 아, 얼마나 부질없는 일인가. 가슴 한 번 쳐 본다.

여기가 출발선이다. 다시 시작이다.

수다 그리고……

"우리 경옥이 오기 전에 얘기 많이 해요."

라는 후배 은경이의 말과 익살스런 표정에 웃음이 봇물 터지듯 쏟아졌다. 모임이 있는 날 오전, 먼저 도착한 우리들에게 던진 은경이의 이 말이 경옥이의 존재를 부각시키기에 충분했다. 그랬다. 경옥이는 언제나 모임의 리더였다. 말의 리더. 심각한 부부싸움도 경옥이가 하면 영웅담처럼 들리고, 시험 망친 아이 혼내는 이야기도 경옥이가 하면 개그의 한 코너처럼 재미있다. 뒤늦게 나타난 경옥이는 역시나 지존다웠다. 잔잔하게 펼쳐나가던 우리의 이야기는 써다 만 편지처럼 다시 이어지지 않았다. 그리고 경옥이의 신화 같은 수다에 푹 빠졌다.

말이란 사람의 생각이나 감정을 나타내는 음성언어이다. 말을 효과적으로 전달하는 기술을 수사학 또는 변론술이라 한다. 고대 그리스 시대에 수사학은 웅변 또는 변론의 기술로서 소피스트들이 매우 중요시했다. 더 강한 주장은 다수의 지지를 받아 사회이념이 되기도 했다. 소크라테스는 대표적인 웅변가이다. 원형극장에 서서 자신의 철학을 설파하고 그의 말에 동조한 수많은 사람은 제자가 되어 그를 따랐다. 그리고 그의 이론은 사회의 새로운 진리가 되었다. 매부리코에 추남이었던 그가 세기를 초월하여 존경을 받는 것은 군주도 수긍하게 하는 대화법이 있었기에 가능했다. 지금도 달변가는 자신의 주장을 효과적으로 표현하는 고지의 깃발을 거머쥔 셈이다.

나는 우유부단하다는 소리를 듣는다. 무엇을 갖고 싶다고 고집을 부려도 들어줄 상황이 아닌 환경에서 자란 탓인지. 태생적 소극성 때문인지 주장을 내세워 마찰이 생기기보다 조용한 것이 더 편했다. 그러나 말하지 않는다고, 말주변이 없다고, 생각이 없거나 부족한 것은 아니다. 단지 표현하는 방법을 모르거나 어눌할 뿐이다. 때로는 듣는 것이 더 편할 때도 있다. 사람은 자신이 가지지 않은 것을 가진 사람을 보면 매력을 느끼게 된다. 나 역시 입담이 좋은 사람을 보면 '대체 어디서 저런 말이 나올까?' 궁금해진다. 재치 있는 입담을 가진 사람은 어디에서나 환영을 받기 마련이다. 유머가 21세기 창의적 리더의 기본 덕목중 하나인 것만 봐도 말은 인류의 시작과 함께 가장 나중까지 남을 미학이 아닐까. 나는 언어의 마술사다운 그 재능이 마냥 부럽기만 했다.

모임을 끝내고 돌아오는 길에는 들었던 이야기로 가슴이 답답하다. 반도 풀어내지 못한 내 이야기는 가슴 저 밑으로 가라앉아 있다. 걸러내지 못한 말의 찌꺼기는 앙금처럼 남아 차곡차곡 쌓인다. 여자들의 수다 속에는 앙금을 치유하는 능력이 있다. 다섯 명이 모여 각자의 이야기를 한다. 주제도 없고 순서도 없다. 수다를 떨다보면 정신과 의사의 상담에 상응하는 해답을 건질 때도 있다. 각자 자신의 문제를 이야기하고 자신이 그 문제의 답을 찾는 수다는, 난장판 같지만 퍼즐조각 맞추듯 아귀가 맞아진다. 수다 떨기를 즐기는 사람은 우울증에 걸릴 확률이 적다고 하니 수다는 수사학의 원조가 아닐까. 수다의 리더가 되지 못해 마음껏 풀어내지 못한 나는, 나만의 숨통을 찾아야 했다. 죽으라는 법은 없다. 내 수다의 해법은?

글이다. 그 때부터일 것이다. '자아'가 인식되던 사춘기에 비밀 일기장을 만들어 하지 못한 말을 풀어놓곤 했다. 누군가 일기장을 본 흔적을 감지한 뒤로는 열쇠가 달린 일기장을 구입해서 썼다. 부모보다 친구가 더 좋았던 여고 적에는 교환 일기장과 수많은 편지, 난무하는 쪽지로 수다를 풀어냈다. 아이들 키우면서도 마찬가지였다. 몇 개월 터울로 아이를 낳은 친구들과 만나면 난 늘 듣는 입장이었다. 손이 귀한 집안에 아들 낳은 친구의 목소리가 높아지고, 백화점에서 외국브랜드 옷을 사 입히는 친구의 자식 사랑이 강조되었다. 가난한 월급쟁이의 아내는 졸아든 가슴으로 버스 뒷좌석에 앉아 먼 하늘을 응시하며 뭔가 답을 찾으려 했다. 그때 백 년 동안 변치 않는다는 양장 일기장을 사서 육아일기를 썼다. 형편과 상황에 맞는 나의 사랑 방법이었다. 물질로 해 줄 수 없지만, 넘치는 사랑을 기록하고 또 기록했다. 그리고 마흔의 내가 풀어내는 나의 수다는 수필이다.

수필은 반환점을 돈 내 삶에 생명력을 불어넣어준다. 형식에 얽매이지 않고 자유로워 누구나 쓸 수 있는 글이라 정의 내려진 수필, 그 수필에 매료되었다. 누구나 쓸 수 있기에 내가 쓸 수 있고, 형식에 얽매이지 않기에 내 이야기 풀어 낼 수 있는 수필. 누구나 자신만의 통로는 있다. 그것이 타인과 같지 않아도 상관없다. 자신에게 가장 편한 소통이면 된다. 긴 시간 풀지 못한 내 수다가 수필을 만나게 해 주었고, 이젠 그 수필이 나를 있게 한다. 말이 많았던 날은 돌아오면서 꼭 후회를 한다. 그 말은 하지 말았으면 하고. 말과 달리 글은 고칠 수 있어 좋다. 글은 영리하지도 계산이 빠르지도 못한 나에게 위안을 준다. 금방 드러나지 않지만 흔적을 남기는 글과 내가 닮아간다. 한 편 한 편 쌓여가는 글들은 풀지 못해 앙금이 되었던 말의 찌꺼기를 말끔히 씻어준다. 쌓여가는 글의 편 수 만큼 가벼워지는 마음을 보게 된다. 내가 글을 쓰는 이유기도 하다.

경옥이의 청산유수 같은 수다를 듣고만 있어도 행복하다. 내가 모르는 삶이 그 속에 있기 때문이다. 경옥이의 말문은 또 다른 세상을 만나는 미닫이처럼 많은 이들의 삶을 만나게 해준다. 자신이 좋아하는 것에 취해 있을 때 가장 아름답듯 그런 경옥이가 아름답다. 이제 돌아오는 길에 답답함이 사라졌다. 나만의 수다가 있기에. 하얀 종이 위에 만년필 들고 상념에 잠길 것이기에. 말주변이 없어 싫었던 내가 조금씩 좋아진다. 내가 좋아하는 것, 그것을 한다는 자신감으로…….

12월의 어느날

마지막, 이 낱말에는 묘한 울림이 있다. 뭔가를 정리해야 될 것 같고 이별을 견뎌야 할 것 같다. 마지막에는 보냄의 의미가 있다. 그러기에 용서와 화해도 함께 떠오른다. 12월이 되면 '망년회' '송년회' 라는 이름으로 모임을 갖는다. 무엇을 잊어야 되는지 모르면서 망년회를 하고, 무엇을 보내야 할지 모르면서 송년회를 한다. 모임이 겹쳐 분주한 이들도 많다. 우리는 참으로 빠른 시대를 살고 있다. 예전에 비해 더 먼 곳을 가고, 더 많은 것을 누린다. 삶의 모습도 다양하고 그만큼 여러 형태의 만남이 필요하다. 직장, 동문, 친구, 동호회 등 오프라인에서의 모임이 온라인으로 이어지면서 만남의 형태는 상상을 초월한다. 경제활동을 하는 어른은 그렇다 해도 아이들조차 숨찬 세상이다.

독서지도라는 수업이 모둠을 원칙으로 하기에 4명의 아이들이 시간을 맞춰야 한다. 4명의 학부형과 선생님이 각자의 수첩을 꺼내어 시간을 조정한다. 30분의 틈도 없는 아이들의 시간표를 보면 이것이 옳은지 되묻곤 한다. 로드매니저라는 이름의 열혈엄마들은 자신의 차로 아이들의 이동시간을 줄여준다. 학원가기 위해 걷고, 버스 기다리는 시간을 줄이기 위해서다. 차안에서 간단히 식사를 하고 과제를 확인한다. 그런 아이들에게서 쌓여가는 지식의 부피만큼 줄어드는 여유를 본다. 안타까울 때가 많다. 나 역시 꽉 짜인 시간을 맞추기 위해 뛰어다녀야 한다. 앞 운전자의 미숙함으로 신호를 놓치기라도 하면 내 입과 표정은 돌변한다. 이번 신호를 받지 못하면 10분 지각이고 그러면 다음 수업이 늦어지기에 마음의 여유란 찾아볼 수가 없다. 마치 로봇처럼 규칙적으로 돌아가는 시간 속에서 점점 시간의 노예가 되는 것 같다. 이 애들이 어른이 되었을 때는 무엇을 화제로 이야기 할까. 무엇이 추억이 되어 가슴을 데워줄까. 생각해 보면 아쉬움 투성이다.

어쩌면 우리는 많이 누리고 사는 것 같지만 많은 것을 놓치고 사는 것은 아닐까. 많이 가진 것 같지만 많은 것을 잃어버리고 사는 것은 아닐까. 지금의 나는, 자본주의 사회에서 없어서는 안 될 돈을 벌기위해 시간이란 틀에 메여 자유를 저당 잡힌 빚쟁이 같다. 꼭 갚아야 할 빚처럼 정해진 날, 정해진 시간이면 어김없이 그 곳에 가야 한다. 이 사회는 성실을 미덕이라 교육하며 변함없는 날들을 강조하는 것은 아닐까. 내셔널지오그래픽을 보며 세렝게티 초원을 달리는 나를 떠올리고, 킬리만자로의 짙은 고독을 흉내 내고 싶어진다. 산으로 들로 여행하는 방랑자의 모습에서 희열을 느낀다. 어쩌면 내 속에 방랑자의 피가 흐르고 있는 것은 아닐까. 그러나 생각만 달려갈 뿐, 몸은 붙박이장처럼 늘 그 자리다. 그래서일까. 지난밤은 해방된 노예처럼 자유로웠다.

총동창회 행사가 있는 날이었다. 행사를 주관하는 기수인지라 서둘렀다. 주부가 외출을 하려면 일이 많다. 일을 하는 내게 외출은 두 배의 준비가 필요했다. 수업을 마치자마자 한복과 은사님 드릴 꽃을 찾아 근처 사는 경자네로 갔다. 행사에 필요한 기념품을 준비한 경자의 발밑에도 짐이 수북했다. 모든 일에는 마음먹기에 달렸다더니 행사 두 시간 전인데도 친구들이 많이 와 있었다. 시간이 지날수록 서울, 부산, 울산에서 친구들이 도착했다. 아버지와 오빠들을 선배로 만날 수 있는 시골학교 총동창회는 가족한마당 축제처럼 정겨웠다. 수십 년 소식 궁금하였던 사람과 해후하는 곳이 되기도 했다. 이산가족 상봉하듯 부둥켜안고 기뻐하는 모습에는 끈끈한 정이 넘쳤다. 행사 분위기는 무르익고 어느 시점에서는 하나가 되었다. 모여 즐기기 좋아하는 민족의 후예답게 신명나는 잔치였다. 넓은 마당에서 북 치고 장구 치며 선소리꾼 따라 노래 부르던 그 모임이 장소만 바뀌었을 뿐 한바탕 노는 진한 몸짓은 변함이 없었다.

결속의 시간. 큰 행사를 마치고 난 우리들만의 시간이었다. 선배가 하는 횟집에 모인 것은 자정이 다 된 시간이었다. 술이 아니라 약이라는 '하수오'를 건배주로 목을 적셨다. 낙숫물처럼 식도에 떨어지는 상쾌함과 전율처럼 위에 전달되는 짜릿함은 종일 빈 속을 뎁혀주었다. 이런 맛에 술을 즐기게 되나보나. 술이 술술 넘어갔다. 그러자 말도 줄줄 풀렸다. 넘치는 웃음에는 가식이 없고 오로지 따뜻한 우정만이 흘렀다. 멀리서 온 친구들이 첫차 탈시간까지 있어야 했기에 시간을 의식하지 않았다. 허락된 날이었다. 우리들에게. 각자 삶의 터전에서 열심히 살고 열심히 사는 만큼 시간에 얽매이며 지냈을 친구들이다. 서른일곱명이 한반에서 육년을 함께 했으니 그 추억이란 꺼내도 꺼내도 끝이 없었다. 분명 작년에 했던 이야기지만, 올 해 또 나오고 뻔히 아는 결말임에도 모두가 박장대소할 수 있는 깊은 공감대. 그래서 좋았다. 켜켜이 쌓아 두었던 찌꺼기를 걸러내는 작업이었다.

아침 6시, 감자탕 집에서 얼큰한 국물로 해장하며 통유리 밖 거리를 보았다. '밤새미' 였다. 경상도 말로. 서서히 여명이 밝아오고 버스의 번호가 보이기 시작했다. 입안이 까칠해 국물만을 들이켰다.

편안했다. 시장기는 사라지고 한기도 느껴지지 않았다. 공복처럼 편안한 속으로 바라본 12월의 새벽거리는 새로웠다. 일찍 하루를 시작하는 이들에게 간단한 목례라도 하고 싶었다. 밤새워 놀고도 무엇이 아쉬운지 식당 앞에서 발길을 멈추었다. 식당에 설치된 자판기 커피를 한잔씩 돌리며 내년을 약속하고 헤어졌다. 삶이 버거울 때 되새겨 볼 수 있는 추억의 발자국 하나 남긴 듯 흐뭇했다. 각자의 삶으로 돌아가는 친구들 가슴에도 그러하리라. 일요일 아침은 거리도 휴식을 취하나보다. 한적했다. 빨간 신호등의 깜빡임이 선명했다. 천천히 움직이는 점멸등에 빨간 보석들이 박혀있는 듯했다. 그 빛이 내게로 와 보석이 되어 빛났다. 식당에서 들고 온 반 남은 커피를 마셨다. 보약이었다. 몸속에 퍼지는 카페인은 엔도르핀이 되었다. 시간의 노예가 아니라 시간을 누리는 자가 될 수 있을 것 같았다. 그렇게 다가온 12월 그리고 남은 날들.

만약에 내가

"만약에 네가 하늘을 날 수 있다면 무엇을 하고 싶니?"

"만약에 네가 왕자가 된다면 무엇을 하고 싶니?"

초등학교 1학년 제자들의 까만 눈망울 속에는 어느새 하늘을 날고 백마 탄 왕자가 되어 있다. 창의력을 키우기 위해 수업 전에 시작하는 마인드맵은 학년을 가리지 않고 좋아한다. 꽤 실력 있는 중학생들의 눈빛 속에 지루함이 보이면 내 목소리는 높아진다.

"만약에~~"

흐려졌던 아이들의 눈빛이 똘망해진다. '만약에' 라는 단어 속에 무슨 마력이 있는 것일까.

'없는 것이나 다름없거나 드물게 있는 일, 또는 그러한 일이 있을 경우', '만 가운데 하나 정도로 아주 적은 양' 사전이 풀어주는 '만약' 의 의미다. 그렇구나. 우리가 '만약에' 를 좋아하는 것은 현실에서 불가능한 그 무엇을 가능하게 해주기 때문이다. 그것이 수다로 끝이 나거나 상상일지라도 우리를 행복하게 해주는 매력이 있다. 만약은, 현실의 나를 탈피한 이상속의 나를 만날 수 있는 통로다. 만약은 이룰 수 없는 사랑도 이루어준다. 만약이란 단서를 달고는 어떤 말을 해도 용납이 된다. 터무니없거나 허무맹랑한 이야기도 가능하다. '만약' 이라는 단어 속에는 삶의 굴곡을 지난 할아버지의 너그러움과 이십대의 터질 듯한 열정이 함께 있다. 나에게 만약은 무엇일까?

'오페라의 유령' 을 감명 깊게 보았다. 그 짠한 사랑을 잊을 수 없어 DVD로 구입하여 집에서도 종종 본다. 일그러진 외모 때문에 지하 세계에서 살 수 밖에 없었던 오페라의 유령은 음악의 신이라 불릴 만큼 재능이 뛰어났지만, 사람들 앞에 나타날 수 없었다. 대신 크리스틴에게 노래를 가르쳐 크리스틴이 오페라의 아리아가 될 수 있도록 도와준다. 하지만 크리스틴은 그를 사랑하지 않는다. 작은 배위에 하얀 드레스를 입은 크리스틴은 감미로운 목소리로 노래하며 오페라의 유령을 찾아 지하 세계로 간다. 사랑하는 라울을 구하기 위해서다. 갖은 회유와 협박으로도 크리스틴의 마음을 잡지 못하는 오페라의 유령은 극장과 함께 무너진다. 음치인 나는 노래 잘하는 이를 늘 부러워했다. 나의 만약 속에는 가수처럼 노래를 부르는 것도 들어있다. 배를 타고 크리스틴이 지하 세계로 가는 장면부터 그곳에 선 사람은 나였다. 내가 만약에 크리스틴이라면, 슬픈 운명을 타고 난 그 남자의 사랑을 받아들일 것이다. 화면에서 눈을 떼지 못하지만 상상의 나래는 이미 영화 시나리오까지 바꾸어 놓는다.

성공한 사람은 타인의 가슴에 '만약에' 를 '현실에' 로 바꾼 이들이 아닐까. 시각 장애인이 된 강영우에게 모두 기대를 접었을 때, 그 옆에 있었던 한사람. 맹인 학교에 자원봉사 갔다 사랑에 빠진 여대생이다. 시각 장애를 극복하여 박사가 되고, 미국에서 노동부 차관이 되기까지 그녀의 사랑은 새로운 기적을 이루게 했다. 헬렌 켈러의 삼중 장애를 극복하게 한 설리번 선생님의 사랑 역시 '만약' 을 '현실' 에서 보여주었다. 나이아가라폭포 앞에서 매운탕 집으로 성공한 아저씨의 삶도 그러하다. 캐나다에서 전 세계인의 입맛을 살린 한국식 매운탕 집은 발 디딜 틈이 없었다. 신화창조라는 단어가 생소하지 않은 그의 삶도 감동이었다.

'내가 만일 하늘이라면 그대 얼굴에 물들고 싶어
내가 만일 시인이라면 그대 위해 노래하겠어'

안치환의 '내가 만일' 을 흥얼거리기 좋아한다. 지금까지 좋아하는 이유를 곰곰이 생각해 본적은 없었다. 시인이 되기 어렵기에, 하늘이 되기는 더 더욱 불가능하기에 그 노래에 빠져 든 것이 아닐까. 노랫말 속에 내 꿈이 숨어있음을 몰랐다. 가수가 노래를 잘해서 그 노래가 좋은 줄만 알았다. 좋아하는 노래 속에는 심금을 울리는 노랫말이 있다. 각자 다른 삶의 이력을 가졌기에 좋아하는 노래도 다르다. 특정한 노래에 자신의 사연을 그리고 의미를 부여하며 애창한다. 그러기에 꿈이 담기고 삶이 담긴 노랫말을 좋아하는 것은 당연하다.

?에서 !

행복하다. 작은 의문이 풀렸기 때문이다. 물음표가 느낌표로 바뀌면 마치 철학자가 된 듯 대견하다. 더불어 내 삶도 가치 있게 느껴진다. 삶의 작은 의문들이 풀릴 때마다 느끼는 만족감은 살아있음을 일깨워준다. 그래서 수많은 철학자들은 인간은 생각하는 동물임을 강조했나보다. 지금 사고하는 내가 있고 그 물음에 답을 구하는 모습이 피타고라스의 원칙을 밝히던 수학자의 그 무엇보다 진지하다. 삶의 물음표를 거역하지 않고 풀어가는 과정 속에서 성숙하는 나를 발견한다. 커다란 느낌표가 내 앞에 우뚝 설 그 날을 기다려도 될까.

간절히 원하는 만약, 열정을 쏟아 부을 만약은 무엇일까. 세계여행? 성공? 만약은 불가능을 전제로 하지 않는다. 힘들지만 현실에서 만날 수 있다. '만약에 하늘을 날 수 있다면' 을 실행한 라이트 형제처럼 이룰 수 있기에 우리는 도전한다. 매력적인 '만약에' 를 감동적인 현실로 바꾸기 위해 노력하는 것은 각자의 몫이다. '만약에' 라면 눈빛이 반짝이는 제자들에게 그 '만약' 을 이룰 수 있도록 비전을 제시하고, '만약에 내가' 를 이루기 위해 한 걸음 한 걸음 나아가는 것, 풀어야할 숙제다.

유난히 따뜻했던 겨울을 보내기가 못내 아쉬워 3월 바람이 차다. 그 바람이 싫지만은 않다. 곧 봄이 올 것을 알기 때문이다. 봄을 믿기 때문이다.

나에게 주는 선물

장미만 눈에 가득 찬다. 빨간 장미 다섯 송이 요염하게 자태를 뽐내고 있다. 배경처럼 하얀 안개꽃이 있기에 가능하다. 초록 잎 사이 뾰족 돋은 가시는 장미의 성깔조차 매혹적이게 한다. 그 뒤에 하얀 백합이 부끄러운 듯 피지 못하고 있다. 이십대의 그 흔하디흔한 꽃 선물이 언제부터인가 내게 인연 없는 물건처럼 여겨졌다. 여자로서 매력을 잃고 있다는 것인가. 억센 아줌마로 변신한 내게 누가 꽃을 주고 싶을까. 비오는 저녁, 오랜 친구가 내민 꽃다발은 잊고 지낸 여성성을 일깨워 주었다. 한 다발 꽃은 이십대의 나를 떠올리게 했다. 붉다 못해 검은빛이 도는 장미는 이십대의 뜨거웠던 내 열정 같다. 꽃 만발한 봄이지만 그래도 꽃 선물은 작은 설레임이다. 선물은 상대의 마음을 여는 잔잔한 두드림이다.

누군가에게 무언가를 받는다는 것은 행복하다. 게다가 진정으로 원하는 것을 선물로 받았을 때는 더할 나위 없이 행복하다. 보고 또 보고, 만지고 또 만지며 기쁨을 누린다. 죽을 고비를 넘긴 이들이 한결같이 하는 말이 있다.

"지금부터의 삶은 덤이야."

텅 빈 마음으로 다시 시작하니 매사 너그럽고 긍정적이라 더 크게 채워지는 만족을 얻는다 한다. 인생에서 가장 큰 선물은 뭘까? 지금 바로 이 순간을 살아가는 것이 아닐까. 그렇다면 순간을 살면서 주고받는 선물은 인생의 보너스라 하면 어떨까? 생각지도 않은 사람에게서 기대하지도 않은 무언가를 받았을 때 기쁘다. 선물이기에…… 또 다른 덤이다.

선물은 하는 이의 마음이 담긴다. 마음의 무게를 저울질하는 것은 모순이지만, 받는 쪽보다는 하는 쪽이 더 절실하기 마련이다. 사랑을 얻기 위한 노력도 사랑이 더 깊고 절실한 사람이 하지 않은가. 사랑을 얻고 나면 서로의 존재를 각인시키기 위해 선물을 주고받는다. 커플 반지를 나눠 끼고, 커플 셔츠를 함께 입는다. 그러면서 '우리 사랑하는 사이예요' 라는 듯이 거리를 누비고 다닌다. 선물은 은밀한 매력이 있다. 둘만의 표시이기에 그럴 것이다. 다른 사람은 눈치채지 못하는 둘만의 약속을 확인할 때 선물은 비로소 마음이 마음으로 전달되는 것이다. 그 짜릿함을 경험해본 이는 알 것이다. 선물하는 재미를…….

나는 선물하기를 좋아한다. 물론 내 마음이 가는 이에게. 그때, 그는 나의 선배였다. 마지막 학기를 보내는 그의 야상(제대한 군인이 즐겨 입는 군복 쟈켓)은 늦겨울이 되도록 그대로였다. 언니가 일하는 백화점에서 일주일동안 아르바이트를 했다. 십여 만원의 돈으로 의류 코너에서 겨울 코트를 사서 그에게 선물했다. 겨울 내내 그 코트를 입고 있는 그를 보며 행복했었다. 마치 '넌 내 남자다' 라는 꼬리표처럼. 겨울거리를 걸으며 차가운 손을 주머니 속에 넣으면 금방 땀이 맺혔다. 마주 잡은 손에 흐르는 전류는 어떤 차가움도 잊게 했다. 우리의 비밀스러운 연애는 달콤하기까지 했다. 그리고 그해 겨울은 참으로 따뜻했다.

졸업한 그는 출판사에 취직했다. 첫 월급을 받고 예쁜 지갑과 함께 월급봉투를 내게 주었다. 대학 3학년 내게는 벅찬 선물이었다. 그러나 선망의 대상인 선배가 아니던가. 자신의 전부를 내게 맡긴 듯한 그 행동은 백만 마디 말보다 믿음직했다. 매달 주택부금을 넣으며 미래를 꿈꾸었다. 그 의미를 파악하는 데는 오랜 시간이 필요했지만, 지금 생각하니 그것은 프로프즈였다. 뚜렷한 프로포즈 없이 결혼했다고 투덜댔지만 무뚝뚝한 경상도 남자의 전형인 그에게 더 무엇을 바랄까. 그 후 난 그에게 많은 선물을 했다. 그러던 내가 변했다. 선물하는 횟수가 줄었다. 무슨 기념일 아니면 좀체 하질 않는다. 사랑이 식은 걸까. 콩깍지가 벗겨지고 편안한 정(情)이 더 많아서 일까. 부부로 산지 15년, 이제는 내가 노골적으로 무엇을 갖고 싶으니 사달라고 한다. 그러면 '다음에' 라고 한다. 그에게 '다음에' 는 '포기해' 를 의미한다. 나 역시 그가 필요한 것이 있어도 '다음에' 라고만 한다. 늘 한결 같았던 남편에 비해 나의 태도는 돌변한 것이다. 그런 나를 보고 얼마나 기가 막힐까. 혹시, 그때 첫 월급 맡긴 자신의 어리석음에 가슴을 치고 있지 않을까.

그렇다고 나의 선물하기가 멈춘 것은 아니었다. 그 대상이 옮겨갔을 뿐이었다. 남편에게서 멀어진 사랑은 자식에게로 옮겨갔고 내 열정을 그곳에 쏟아 부었다. 스스로 상을 만들어 시상하기도 하고, 깜짝 이벤트를 열기도 했다. 엄마가 세상의 전부인 아이들에게 나는 하늘이 되기도 하고, 땅이 되기도 했다. 똑같은 옷을 입혀 양손에 맞잡고 다니면 전부인 그 세상이 내 손에 있는 것 같았다. 그러나 어느덧 자란 아이들은, 더 이상 엄마가 전부는 아니었다. 친구가 좋고, 친구만 있으면 행복했다. 더 자라면 '엄마도. 엄마 인생을 순비하세요.' 랄 것 같은 서운함이 들었다. 내 행복에 겨워하던 선물이 부양해야 하는 가족으로 느껴졌고, 그럴 때는 짜증이 났다. 선물은 주는 이도 행복하고 받는 이도 행복해야 한다. 한쪽의 균형이 사라지면 의무가 될 뿐이다.

그렇다고 활활 타오르는 나의 열정이 식은 것은 아니다.

"선물 하실 것입니까?"

라는 직원의 말에

"네, 예쁘게 포장해 주세요."

라며 함박웃음으로 답했다.

"누군지 몰라도 선물 받으시는 분은 좋으시겠어요."

라는 직원의 말에는 입 꼬리만 살짝 올린 체 답을 피했다. 갖은 미사여구를 나열하는 직원을 뒤로하고 서둘러 주차장으로 향했다. 그리고 자동차 안에서 선물증정식을 했다. '아경, 지난 시간 수고했어. 일하며 아이 키우느라 얼마나 힘들었니? 작지만 받아줘. 다음에는 더 큰 선물할게. 넌 이 선물 받을 자격이 충분해.' 라며 방금 포장한 선물을 풀었다. 천천히 아주 천천히, 리본을 풀고 포장지를 조심스럽게 뜯었다. 까만 상자 속에 은빛 시계가 나를 향해 환하게 웃고 있었다. 마치 나를 위해 만들어진 명품인양 내게 익숙하고 잘 어울렸다. 그렇게 나는 나에게 선물을 주었다.

누구나 자신의 삶이 소중하듯 귀하게 살고자 한다. 모든 사람들이 존경하고 받들어 주기를 희망한다. 그러나 팍팍한 현실은 생각만큼 만만치 않다. 학창시절 꿈꾸었던 유토피아적 삶을 현실에서 만나기는 더 힘들다. 불만은 멀리서 생기는 것이 아니다. 믿고 헌신하는 가족이 맘 몰라주면 그 마음이 다쳐 아프고, 그 아픔은 다툼이라는 다른 이름이 되어 나타난다. 풀지 못한 불만은 대화를 단절하게 하고, 말하지 못한 불만이 쌓일수록 관계만 악화될 뿐이다. 내가 돈을 번다는 이유로 사고 싶은 것을 살 수 있게 되면서 나는 점점 내게 유리한 논리들을 만들어 나를 정당화하고 있는지도 모른다. 그러면 좀 어떠랴. 다른 사람에게 피해주는 일도 아닌데.

요즘 나는 내게 선물주기에 푹 빠졌다. 사고 싶은 물건이 있으면 목록을 작성하기까지 한다. 무슨 이름으로 선물할지 고민하며 그 물건을 갖기 위해 돈을 모은다. 수첩 속 하얀 봉투는 선물을 사기 위한 비자금이다. 때론 아이들 학원비로 나가기도 하고, 생각지도 않은 경조사로 텅 비기도 한다. 하지만 최면에 걸린 듯 현실의 힘겨움을 들어준다. 계절이 바뀌어 옷을 하나 사더라도 선물이었고, 커피 잔을 바꾸어도 선물이었다. 활활 타오르는 열정이 내게 머물 것이라 예상하지 못한 나는, 그런 나의 이기심으로 행복하다. 불만이 사라진 엄마는 집안 분위기까지 밝게 한다. 계절은 돌고 돌아 제자리로 돌아왔다. 내게 새로운 물건은 내게서 받은 선물이었고, 그 선물은 처음처럼 나를 황홀하게 하지 않았다.

그렇다고 활활 타오르는 내 열정이 식은 것은 아니다. 단지 새로운 대상을 기다릴 뿐. 검게 탈 것을 알면서도 눈부신 빛을 어쩌지 못해 달려가는 부나비. 나는 부나비인가. 끝이 보이는데도 한번 시작된 열정은 멈출 수가 없다. 브레이크 고장 난 자동차마냥 끝이 보이는데도 질주한다. 이왕에 다치고 상처 입는 것이 삶이라면, 사랑 앞에 무릎 꿇고 사랑으로 인해 아프고 멍들고 싶다. 내일 내게 어떤 열정이 찾아올지. 나는 어떤 모습으로 누구에게 무엇을 선물 할지 모른다. 열정 속에 보낼 수 있는 내 삶을 부둥켜안고 달려갈 뿐이다. 삶, 그 끝닿는 곳까지!

제 2 부

소릿골 가을

버팀목

음식점 계산대 앞에서 친구와 실랑이가 벌어졌다. 오랜만에 만난 기념으로 서로 밥값을 내겠다고 밀고 당긴다. 고급스러워 보이는 친구의 빨간 지갑에서 뭔가 떨어졌다. 노란종이에 붉은 그림문자가 그려진 종이는 얼핏 봐도 무엇인지 짐작이 갔다. 세련된 외모와는 달리 어디 용한 점집 있다 하면 찾아다니는 친구다. 황급히 그 물건을 줍느라 고개 숙인 친구를 제치고 계산을 했다. 커피는 친구가 사겠다기에 그러라 하고 기분 좋게 자리를 옮겼다. 밥값보다 더 비싼 커피를 시켜놓고, 유럽풍의 긴 의자에 앉아 친구의 점 본 이야기를 듣는다. 전혀 어울리지 않는 상항이지만, 내면의 궁금증을 자극하여 빠져들게 된다.

이지적이고 미인형인 친구는 대학생활 내내 남자가 끊이질 않았다. 사귀고 있는 남자와 새로운 남자사이에서의 갈등도 용한 점집에서 해결했다. 역술인의 한마디에 마음정리가 되는 친구가 이해할 수 없었으나, 오랜 시간 그런 모습을 보니 그것도 친구가 살아가는 모습으로 받아들여졌다. 친구의 지갑 속엔 어디에 좋다는 부적이 항상 있었다. 임신 중에도 아이의 성별이 궁금하면 점집에 갔다. "딸 이래"라며 즐거워하던 친구는 셋째도 아들을 낳고 우는 해프닝을 자아냈다. 한 달 후, 모임에 온 친구는 셋째아들의 사주가 딸 노릇 할 거라며 행복해했다. 친구의 이야기를 듣노라면 따라가 삶의 해법을 얻고 싶은 유혹이 생기기도 한다. 하지만, 내 운명은 스스로 개척한다는 신념으로 점집을 찾아가 본 적이 없다. 이번 부적의 의미는 뭘까? 그 부적이 친구의 든든한 버팀목이 되어 줄 것이다.

하늘만 바라보고, 하늘의 뜻대로 살아야 했던 선사시대도 아니다. 게놈지도의 해석으로 인체의 신비가 풀려지고, 유전공학으로 생명연장이 가능한 시대에 살고 있다. 하늘의 뜻까지 읽어내고 예측하는 과학이 곁에 있다. 온라인으로 전 세계가 한 공간에 연결되고, 하늘이라 믿었던 곳을 여행하는 세상을 살고 있다. 그런데도 우리는 '~~에 좋다' 며 써 놓은 부적을 소중히 간직한다. 유비쿼터스 아파트 현관에도 빨간 부적이 붙여져 있다. 분명 어른들께서 액막이로 붙여 주셨을 것이다. 부적은 간절한 바람의 마침표는 아닐까? 달무리 희뿌연 새벽 장독대에 정화수 떠 놓고 기도하던 할머니의 간절함, 영험하여 한 가지 소원은 들어준다는 갓바위의 가파른 계단을 백일동안 오르는 어머니의 간절함처럼, 마음이 닿는 그 끝이 아닐까?

사실, 내게도 부적은 있다. 수첩 깊숙이에 있는 하얀 봉투가 그것이다. 겉표지에는 내 이름이 적혀 있고, 그 속에는 은행에서 방금 나온 듯한 만 원짜리가 세 장 있다. 삼만 원! 타인의 삼백만원보다 더 큰 의미인 그것은, 내 부적이며 아버지의 깊은 사랑이다. 누구에게나 그렇듯이 나의 부적에도 사연이 있다. 외환위기로 많은 사람들이 고통당할 때, 그 소용돌이 속에 내 가족도 있었다.

남편은 외동이다. 의형제라 할 정도로 우정이 깊은 친구가 있었다. 가족들끼리도 각별한 터라 서로의 대소사는 발 벗고 나서서 내 일처럼 몸을 아끼지 않았다. 나 역시 내심 든든했다. 그런 친구와 사업을 했다. 주위에서 동업은 하지 않는 것이라 했다. 그러나 남편은 그것은 그네들 이야기고, 우린 아니라며 장담을 했다. 승승장구하던 사업이 달러가치가 높아져 힘들어졌다. 규모를 축소하여 내실을 다지자는 남편과 계속 확대하자는 친구사이에 의견대립이 생기기 시작했다. 월급 없는 달이 길어지고, 몇 번의 부도에 사업은 파경으로 이르렀다. 삼 십년지기와의 우정도 금이 가고, 부푼 꿈도 깨어진 남편은 디스크라는 병까지 얻어 집에서 쉬어야 했다.

사람 좋아하던 남편은, 많은 모임도 친구도 끊고 병원과 집만을 고집했다. 그것이 자신이 아는 세상의 전부인 듯했다. 위축된 남편의 어깨위로는 찬바람이 일렁였다. 세 살배기 아이를 데리고 힘겹게 생활을 꾸려야 했기에 단돈 만원도 아쉬웠다. 그 때는 다가오는 명절도 고통이었다. 유난히 추운 설을 보내고 친정에 갔더니, 아버지께서 고운 한복을 입고 기다리고 계셨다. 용기 잃은 자식의 모습이 얼마나 안타까웠을까. 아버지의 마고자 주머니 속에는 하얀 봉투가 가득했다. 개개인의 이름이 적힌 세뱃돈을 주시며 짓던 웃음이 자애로웠다. 봄 햇살에도 추웠던 그 해는, 아무리 궁핍해도 주머니에 삼만 원이 있다는 생각에 버텨낼 수 있었다. 도저히 쓸 수 없었던 아버지의 세뱃돈은 그렇게 나의 부적이 되어 수첩 속에 고이 간직되어 있다. 다음해 세뱃돈을 받으면 새 부적으로 교체하기를 어언, 십년이다. 내 친구의 버팀목이 부적이라면, 나의 버팀목은 아버지의 세뱃돈이다.

가을 단풍으로 전국의 산들이 분주하다. 거리의 나무마다 마지막 열정을 쏟아내고 있다. 붉은 그 열정에 매료된다. 달리는 바퀴 속으로 낙엽들이 휘감겨온다. 가슴속에 바람이 휭~하니 분다. 주위가 온통 꽉 막힌 산이었고, 망망대해 바다였던, 위기의 시간들! 구조될 희망이 없는 무인도에 갇힌 듯한 날들이 스쳐간다. 그런 내게 구명보트를 던져 준 것은 아버지의 세뱃돈이었다. '일 년 내내 재수 있으라' 시던 염원이 내 마음에 와 닿았다. 그리고 힘이 되고, 용기가 되어 다시 일어설 버팀목이 되었다. 난 누구의 가슴에 가 닿을 수 있을까? 나의 무엇이 부적이 되어 그 누군가의 가슴을 따뜻하게 데워줄까?

흑백사진

명절 다음날, 친정 온 여자의 아침은 여유롭다. 동동 거리며 아침 준비할 책임이 없기 때문이다. 어제의 그 시각과 오늘의 이 시각이 어찌 이리도 다를까. 외며느리로 여덟 가구 남자들이 이동하며 지내는 제사준비에 분주하던 어제의 내가 오늘은 친정집 뒷방에서 게으른 아침을 즐기고 있다. 며느리 둘, 딸 셋이 모였으니 둘째인 나 하나 빠진다고 흠이 될 아침은 아니다. 존재조차 의식 않고 부엌에서는 올케, 언니의 목소리 버무려 고소한 아침이 익고 있다. 밥이 다 될 때까지는 부르지 않을 것이다. 명절날 고생한 나에 대한 배려다.

옛날 구들의 온기는 등을 통해 온몸으로 데워진다. 질그릇처럼 느리게 그러나 오래 느낄 온기다. 나른한 몸에 맑은 정신이 웬말인가. 친정에서의 아침은 늘 맑다. 자유가 부른 사치일지도 모른다. 싫지 않은 나른함을 즐기며 잠든 방을 돌아본다. 이름은 '뒷방' 이다. 사칸 기와집의 가장 뒤에 있는 방이라 그리 부른다. 남으로 난 봉창에 햇살은 방을 밝히고 내 시선은 포마이카 책상에 멈춘다. 낡은 포마이카 책상 위에 이불이 쌓여있다. 늘어나는 가족이 다 모일 것을 대비해 엄마가 준비한 여분의 이불들이다. 지난밤 가족들이 쓰고도 두어 채가 남아있다. 외풍 심한 겨울밤을 데워준 붉은 캐시밀론 담요 속에서 꼼지락거리던 어린 발가락들이 보인다.

포마이카 책상은 오빠, 언니를 거쳐 내 물건이었다. 내가 도회지로 떠나고는 한동안 동생의 것이다가 동생조차 떠나고는 이불을 얹는 선반이 되었다. 지금 책상은 자식을 키워낸 부모마냥 늙고 볼품없는 모습으로 한자리를 지키고 있다. 첫째의 꿈도, 둘째의 사랑도 말없이 꾹꾹 받아 적으며 오남매의 열정과 함께였던 책상의 파란 시절이 그립다. 책상과 의자는 꼭 부부 같다. 의자를 잃은 책상은 배우자를 떠나보낸 노인처럼 애처롭다. 의자가 빠진 아치형 앞면 텅 빈 자리에 국회의원 주○○라는 이름의 앨범이 허전한 공간을 채우고 있다. 지역에 출마한 국회의원의 사진이 홍보자료마냥 박힌 앨범에 그동안 뭉쳐놓았던 사진들이 순서 없이 들어앉아 있다. 꼼꼼하지 않은 솜씨를 보니 아버지께서 정리하셨을 것이다. 하기사 엄마는 시력이 좋지 않아 하고 싶어도 할 수 없다.

사진을 본다. 큰오빠의 결혼사진 다음 장에 아버지의 군대사진이 있다. 또 한 장을 넘기니 갓난 아기가 천진하게 웃고 있다. 스물이 넘은 질녀다. 아기, 우리 가족에게 처음으로 벅찬 감동을 안겨준 아기의 이름은 '향수' 다. 이름처럼 우리에게 향기로운 기쁨만 안겨주는 질녀다. 그 질녀에게 쏟아 부었던 사랑과 관심이 얼마나 컸던가. 말 배우기 시작한 향수에게 껌을 사주며 '둘째 고모' 를 '이쁜 고모' 라 장난삼아 가르쳤는데, 줄줄이 태어난 조카들에게도 '이쁜 고모' 가 되었다. 양 갈래 머리 묶은 향수의 손에 껌을 쥐어주며 '내가 누구야? 이쁜 고모지' 하던 스무 두 살 대학생인 내가, 송현동 이층 계단을 오르고 있다. 사진 속에서…….

한 장 한 장 사진첩을 넘기자 기억의 태엽은 바이킹 타듯 시간을 넘나든다. 내가 기억하는 사진 앞에서는 증폭된 감회로 감정이 활짝 핀다. 또 하나의 사진이 나를 붙잡는다. 네 살의 나와 작은오빠, 언니, 큰오빠의 모습이 터울 만큼의 자람으로 서 있다. 아이 넷 낳고도 젊은 엄마가 그 속에 있다. 젊은 모습 그대로. 기억하지 못하지만 분명 있었던 시간이 사진 속에서 말을 한다. '네 살의 너야.' 나는 사진 속 그 곳을 지금도 찾을 수 있고 달려갈 수 있다. 하지만 시간은 속절없이 흘러 사진 속 꼬맹이는 사진 속 꼬맹이보다 더 자란 딸을 두고 있다. 무정하게 지나버리는 시간이라 잡을 수 없다. 우리는 누구나 지난 시간에 미련을 가진다. 시간 속에 변하는 자신을 확인하기에. 공간은 그렇지 않다. 인간이 특별히 수정하지 않는다면 천재지변이 비켜간다면 공간은 정지한 듯 보인다. 실상은 정지가 아니라 시간보다 더디게 움직일 뿐이다. 우리는 공간은 '정지', 시간은 '흐름' 으로 인식하기에 시간 앞에 예민해진다.

사진, 시간이 쌓인 오래된 사진에는 오래된 추억이 풋풋하게 살아있다. 시간도 공간도 꼭 잡고 놓아주질 않는다. 낡은 사진을 보며 다시는 돌아가지 못할 어린 시절의 아득한 거리감에 쓸쓸함이 밀려온다. 마른 장작처럼 윤기 잃어가는 엄마의 모습에서 시간을 원망한다. 다시 유년기를 보낼 수 있다면 엄마의 싱싱한 젊음 아래서 더 많은 충만감을 느끼고 싶다. 어떤 이는 과거는 없다고 한다. 미래도 없다고 한다. 과거를 딛고 오늘이 있고, 미래로 가는 오늘에 내가 존재하는 시간은 언제나 현재라고 한다. 과거도 현재라면 오래된 흑백사진 속 네 살배기 내가 여기 있다. 밥 먹자는 소리에 낡은 사진첩에서 고개를 든다. 도둑질하듯 한 장뿐인 그 사진을 빼내 주머니에 넣는다. 시간과 공간에 예민해질 때 들춰 볼 요량이다.

명절 다음날, 늦은 아침을 먹으러 일어난다. 낡은 호마이카 책상에 빛바랜 추억들을 고스란히 올려놓는다. 혼자서 누린 햇살을 뒤로 하고 대청마루로 나간다. 현실이다. 몇 달 후 다시 뒷방 작은 봉창에 늦은 햇살이 비추고 게으른 잠에서 깨어난 나는, 사진첩을 뒤적일 것이다. 어느 시간으로 갈지 모르는 추억 자락을 잡고 감정 곡예를 즐길 것이다. 유일한 고향에 내 부모와 함께 늙어가는 포마이카 책상, 그 아래 낡은 사진첩, 해질녘처럼 을씨년스럽지만 낙인처럼 가슴에 찍힌다. 흐린 흑백사진 한 장으로…….

소릿골 가을

소릿골은 예천군 개포면 삼거리를 지나 야트막한 산등성이를 끼고 돌면 나오는 작은 시골마을이다. 사과향이 물씬 나는 사과밭이 좌측에 있고, 한때는 온 마을의 식수였던 우물이 초라하게 있다. 열어본지 까마득한 뚜껑 위에는 잡풀들이 무성하다. 손바닥만한 논 몇 뙈기 지나면 첫 번째 집이다. 담도 없다. 대문도 없다. 갈라진 살갗을 드러낸 늙은 감나무 한그루 우뚝 솟아있다. 오랜만에 오지만 주인이라고 짖시 않는 영리한 개 '깜돌이'와 허리 굽은 노모가 서 있다. 아름다운 소리, 청아한 소리만이 울릴 것 같은 소릿골은 소리조차 숨죽인 듯 적막한 동네다.

손이 닿으면 금방 바스러질 것 같은 껍질의 감나무는 속조차 검은빛이 도는 고목이다. 한때는 의기양양 그 기상을 누렸을 법한 굵은 몸통만이 지난 세월의 풍미(風靡)함을 보증한다. 반은 죽고, 반은 살아있다. 살아있는 나무줄기는 새로운 싹을 틔우고, 감꽃을 피우고 열매를 맺는다. 손바닥보다 넓었던 감잎도 단풍잎마냥 작아졌다. 탐스럽던 감도 개불알처럼 작고 둥글다. 15년 전, 막 결혼한 나의 눈에 비친 감나무는 위풍당당했다. 감나무의 그림자는 시댁의 좁은 마당을 덮을 정도였다. 나무도 나이를 먹고, 나무도 죽는가 보다. 단지, 나보다 먼저 나서 더 나중까지 살기에 나무에게서 영원함을 찾으려 했다. 서서히 죽어가는 나무 아래서, 서서히 사그라드는 어머니를 만난다. 닮았다. 함께 지켜 본 세월만큼 꼭 닮았다.

이목구비 뚜렷하고 고왔던 어머니의 모습은 사진 속에서만 볼 수 있다. 아니, 사진 속에서만 존재하는 모습 같다. 우아한 한복 입고, 서 있는 모습에서 풋풋함이 묻어난다. 그 옆에 이미 중년이 된 아버님이 서 있다. 처녀의 몸으로 가난한 홀아비에게 시집와서 몇 십 평 남짓한 밭으로 예닐곱 식구 건사해야 하는 삶이 힘겨웠을 것이다. 일본으로 만주로 다니셨던 아버님은 집안일은 뒷전이라 했다. 현실이 된 고생 앞에 앳된 처녀는 중년이 되고 노년이 되었다. 처음 어머님을 뵈었을 때 어머님은 육십이었다. 가난을 등짐처럼 지고 살아오셔서 그런가, 천성이 그런가, 어머님은 재바르지 않고 말수가 적었다. 기본적으로 표현해야 할 말조차 하지 않으셨다. 칭찬을 아끼지 않고, 감정표현이 많은 어머니 밑에서 자라서일까. 명절을 고스란히 내 힘으로 치렀는데도 수고했노라 한마디 않으시면, 서운해서 너무 서운해서 눈물을 훔치곤 했다. 나는 그런 어머니를 이해할 수 없었고, 마음을 열지 않았다.

해마다 가을이면 어머니는 감을 깎으셨다. 곶감 좋아하는 며느리를 위해 무명실에 감을 엮어 처마 밑에 걸어두었다가 반쯤 말려지면 보내주셨다. 거실 한쪽에 걸어 놓고 하나씩 따 먹다보면 어머니의 사랑이 가슴에 닿는다. 느려진 손놀림으로 감을 깎아 실로 엮으며 말로 못한 마음을 엮었으리라. 가난한 부모라 마음이 더 고됐을 터인데, 나 역시 뚱하게 있다오곤 했다. 곶감은 어머니가 보낸 사랑의 징표였다. 나에게만 보내는 애정의 손짓이었다. 그러나 지금은 곶감을 먹을 수 없다. 어머니는 파킨스 병을 앓고 계신다. 내 가을 풍경에는 주홍빛 선명한 곶감이 있다. 말랑한 그 촉감과 입안에 감도는 달짝지근한 맛은 잊을 수 없다. 거실에 곶감이 더 이상 걸리지 않고, 그 맛을 느낄 수 없고서야 깨닫는다. 곶감은 어머니의 마음임을.

눈에 넣어도 아프지 않을 아들이 와도 무엇 하나 내 놓을 것이 없고, 밑천 한 푼 쥐어 줄 수 없는 현실에 노모의 가슴은 가뭄의 논바닥처럼 쩍쩍 갈라졌을 것이다. 자동차 트렁크 가득 봐오는 장이며, 풀어놓는 음식에 마냥 흡족하시지만은 않을 것이다. 두 아이의 재잘거림과 젊은 아들내외의 두런거림에 텅 빈 집안에는 생기가 돈다.

빛 잃은 어머니의 눈빛이 되살아난다. 며느리가 지어주는 따뜻한 밥과 기름진 찬에 돌아오지 않을 것 같았던 입맛이 돌아온다. 삶의 희망이 일렁인다. 새벽부터 오고가는 어머니의 발걸음이 분주하고 말문이 트인다. '이렇게 살았으면~' 하실 것이다.

도시 생활이 무엇인지, 돈이 무엇인지. 하룻밤 자고나면 다시 짐 챙겨 떠날 준비하는 모습에 노모의 가슴은 미어진다. "또 오겠다"는 인사에 답이 없다. 일그러진 눈자위에 그렁그렁 눈물이 고인다. 돌아가야 하는 발걸음을 멈추게 하는 것은, 자식을 향해 쏟아지는 그리움을 주체할 수 없는 어머니의 모습이다.

"도착하면 전화해래이~"

목 밑까지 올라온 울음을 참고 던진 한마디는, 차라리 절규다. 남편의 목이 잠기고, 큰딸의 훌쩍임이 마을 모퉁이를 돌고 소릿골이 멀어지도록 계속된다. 고요 속에 파문이 인다. 어두운 자동차 실내가 오히려 위안이 된다. 각자 무슨 생각을 했는지 묻지 않는다. 침묵이 답이다. 수만 마디 말보다 가슴 울리는 공감이 더 큰 의미를 내포한다. 슬픔은 슬퍼서 가슴이 아리고, 눈물이 화산처럼 터져 나온다. 슬픔은 가슴 저 밑에 꼬깃꼬깃 감춰 둔 '사람다움'을 일깨운다.

꿈속처럼 다녀간 자식들 흔적에 또 다른 날이 밝는다.

삶의 응어리가 곪아 터진 어머니 가슴마냥 무르익은 감홍시 하나 툭 떨어진다. 주울 생각도, 주워야 할 이유도 잃은 어머니가 멍하니 서 있다. 늙은 감나무 아래, 늙은 어머니가 엉거주춤 서 있다. 한 폭의 그림이 되어 가슴에 새겨진다. 감나무 아래 개집에서 깜돌이가 떨어진 감홍시를 핥는다.

"깜돌아, 먹지 마. 밥 줄겨."

한동안 계속 될 소릿골 가을, 적막한 어머니의 모습에서 인생의 황혼을 본다.

열쇠, 사랑을 열다

마치 보물을 끌어 올리는 것 같다. 온 정신을 집중해서 한 곳을 응시하는 모습에서 어부의 진지함을 읽는다. 잠시 후 허공을 차고 바다 내음 한 자락 휘뿌릴 싱싱한 물고기 한 마리를 기다리는 착각에 내 위치를 잊고 있다. 보일 듯 보이지 않고, 잡힐 듯 잡히지 않는 신기루인가. 좀체 진전이 없다. 시간이 흐를수록 다리는 전류가 지나간 듯, 고통이 엄습한다. 인내심 부족한 내가 먼저 말을 꺼냈다.

"됐다. 포기하자. 새로 복사하지. 뭐!"

매사 낙천적인 나는 또 그렇게 나의 실수를 대충 넘기는 중이다. 덜렁대다 사고치는 아내의 뒤처리에 이골이 난 남편의 표정은 대략 난감이다. 내가 사는 아파트 앞 시궁창 구멍을 들여다 보다 지친 우리는 고개를 들었다. 행인들의 낯선 시선을 느낀 것은 그때였다. '말쑥한 옷차림의 두 남녀는 무슨 사연으로 냄새나는 시궁창에 머리를 박고 있을까.' 그들의 궁금증을 풀어주고 싶었으나, 부끄러움이 앞섰기에 그 곳을 먼저 벗어났다. 두 개의 옷걸이를 이어 만든 기다란 고리를 나무사이에 세워두고 그 자리를 떴다. 눈부신 햇살 한줄기 받으며…….

지난밤이었다. 고향친구 몇 명이 근처에 왔다며 불러냈다. 술을 마실 것 같아 차를 두고 아파트 정문 앞에서 친구를 기다렸다. 가방 어깨끈을 추스르는 사이 왼손에 든 자동차 열쇠가 스르르 빠져나갔다. 그리고는 발밑 시궁창에 빠져 버렸다. 눈 깜짝할 사이에 일어난 일이었다. 밤이라 뚫어져라 봐도 소용없는 일. 내일이면 차를 써야 하는데 걱정이 앞섰다. 그 사이 친구는 도착했고 나는 친구 차를 타고 남편에게 전화를 걸었다. 비오는 밤에 자동차 열쇠를 시궁창에 빠트렸다는 아내의 말에 남편의 첫마디는

" 또? 왜?"

자초지종을 들은 남편은 예비열쇠가 있으니 걱정 말라고 했다. 열쇠고리가 꼭 필요하다 했더니 날 밝으면 꺼내 주겠다고 했다.

"자꾸 사고 쳐서 미안해."

라는 내게 친구는

"뭐, 죄지었냐?"

했다. 죄를 지은 것은 아니지만, 참 미안했다. 일주일 전에는 후진하다가 주차장 벽을 들이받아 만만찮은 수리비가 나왔고, 며칠 전 오후에는 자동차 시동이 걸리지 않자 남편에게 전화를 해서 "어쩌지, 시동이 안 걸려." 했다. 무슨 일이 생기면 남편에게 전화부터 하는 습관 탓에 남편은 귀찮기도 할 것이다.

다음날, 출근길에 옷걸이 두 개를 든 남편을 따라 열쇠를 빠트린 곳으로 갔고, 우리는 그곳에서 열쇠를 찾고 있었다. 아무리 뒤척여도 걸리지 않자 연휴를 앞둔 바쁜 맘에 남편은 서둘러 출근했다. 그리고 추석연휴는 시작되었다. 시간은 정해진 순서처럼 일을 진행하게 했고 나는 숙련공이 되어 명절준비를 했다. 시궁창에 잠겨있는 열쇠를 의식하며…….

나 아니면 안 된다는 생각을 할 때가 있다. 열쇠가 없으면 차가 움직이지 않듯이, 내가 없으면 안 된다고 생각할 때가 있다. 나없는 가정이 그렇고 친구관계가 그렇다. 내가 관계의 열쇠라는 생각이, 나를 야영하는 전사처럼 만들 때가 많다. 여유도 배려도 잊은 체, 달려가는 내 모습이 시궁창에 빠진 열쇠 같다. 자신은 맡을 수도 없는 시큼한 냄새로 가장 가까이 있는 이들을 힘들게 하는 것은 아닐까. 이 열쇠 아니면 멈출 것 같았던 자동차는 아무런 지장 없이 움직였다.

세상의 중심이라 여겼던 내가 시궁에 빠진 열쇠처럼 침몰된 기분이었다. 내가 하는 생각이 옳고 내 행동이 정당하다며 주변에 강요한 적이 어디 한 두 번인가. 그랬다. 내가 없으면 잠시 불편하겠지만, 다시 제자리를 찾고 일상들을 살아갈 것이다. 생각이 여기에 미치자 나의 오만은 한 풀 꺾이고 틈이 생겼다.

명절 피로가 남아있어 좀 더 잘까 생각하는데 전화가 왔다.

"마누라, 열쇠 빠트린 곳도 모르나. 엉뚱한 곳에서 그렇게 찾으니 없지. 혹시나 해서 옆 구멍에 뒤적여 봤더니 금방 걸려 나오잖아. 하여튼 사고뭉치야."

방금 출근한 남편이 전화선 너머로 대뜸 하는 말이다. '아, 열쇠를 건졌구나.' 싶은 생각에 그 정도의 구박은 귀를 간지럽히는 재잘거림으로 받아넘길 수 있었다. 하지만, 이게 내 모습이다. 늘 부족하고 실수하는……. 도시에서 나는 가끔 미아가 된 듯하다. 적응 못하는 부진아처럼 뒤처지는 느낌을 지울 수 없다. 하지만, 열쇠고리를 아까워하는 아내를 위해 시궁창에 고개 숙여 진지했을 남편의 마음하나로 난 다시 나를 바라 볼 수 있게 된다. 꺾인 오만이 고개를 드는 순간이다.

다시 찾은 열쇠를 물끄러미 본다. 반가웠다. 떠난 님이 돌아온 듯

살갑다. 시궁창 냄새가 베인 열쇠를 버리자니 열쇠고리를 선물한 이의 마음까지 버리는 것 같아 망설여졌다. 자동차에는 새로운 열쇠가 턱하니 차지하고 있으니 자리를 잃은 열쇠에게 새 임무를 부여해야겠다. 그래, 삶의 해답을 푸는 열쇠면 좋겠다. 인간사이의 갈등을 풀어주고 닫힌 마음의 빗장을 열어주는 열쇠, 관계와 관계를 이어주는 열쇠이어야 한다. 마음이 고장 났을 때, 자동차 시동을 걸 듯 마음의 시동을 걸어야겠다. 이 열쇠만 꽂으면 부릉부릉 달려가 시가 되고 음악이 되었으면 좋겠다. 다시 태어난 열쇠를 들고 행복의 시동을 걸어본다.

지금은 장마

장마다. 보통 유월 하순부터 시작되는 장마에 비해 올해는 열흘정도 빠르다 한다. 장마전선이 한반도에 포진하고 있다고 기상청이 예보했다. 신문에서 '오늘부터 장마' 라는 기사로 장마를 받아들였다. 심상치 않은 하늘도 확인 못했나보다. 수업을 들어갈 때는 비가 오지 않았다. 90분 후 한 팀 수업을 마치고 나오니 장대비가 내리고 있었다. 일년내내 트렁크에 우산이 있었지만, 자동차까지 가는 것이 문제였다. 두리번거려도 지나가는 사람조차 보이지 않았다. 모두들 비를 예상하고 집으로 들어 간 것인지 나오지 않은 것인지, 높은 아파트 입구에 혼자서 어쩔 줄 몰라 하며 서 있었다. 망설이고만 있을 수 없었던 것은 다음 수업 시간이 촉박했다. 가방을 머리 위에 올리고 달렸다. 키를 꽂고 문을 열어 조수석에 책을 던지고 앉으려는데 썬루프에서 좌르르 빗물이 시트로 흘러내렸다. 하는 수 없이 엉거주춤 앉았다. 시원했다. 엉덩이에 물이 스며드는 느낌에 한기마저 들었다. 불과 몇 분 만에 홀딱 젖었다. 그리고 다음 수업 장소로 이동하는 십여 분 동안 비는 자취를 감췄다. 국지성 호우였던 것이다. 언제 그랬냐는 듯 하늘이 맑았다. 실컷 조롱하고 도망가 버린 소나기가 얄미웠다.

나에게 수요일은 마음부터 단단히 동여매는 날이다. 오후2시부터 11시까지의 수업시간표에 지장이 되는 것은 삼간다. 화요일엔 컨디션을 유지하기위해 애쓴다. 6월 18일 수요일, 내 생일이다. 때로는 특별한 날이 불편할 때가 있다. 생일이지만 그저 그런 일상적인 나날 중 하루와 같을 때 오히려 울적하기 마련이다. 필요한 것이 뭐냐는 남편에게 '하루 종일 아무것도 않고 혼자 있고 싶다.' 고 했다. 나의 말이 마음에 걸렸는지 평소에는 전화 한통 없던 남편이 몇 번씩 문자를 보냈다. '생일날 늦게까지 수업하는 마누라…….' '못난 남편 만나 고생하는 마누라…….' 위로하고 싶어 보낸 남편의 문자는 참고 있었던 감정의 뚜껑을 여는 두드림이었다. 울컥하는 심정이 가슴을 뜨겁게 하자 눈물이 주체할 수 없이 흘렀다. 갓길에 차를 세웠다. 나에 대한 연민으로 한참을 훌쩍였다. 관심 받고 대섭 받는 것에 익숙하지 않고, 타인의 시선 밖에 머물렀던 적이 더 많았던 기억에 스스로 터득한 삶의 철학은 자학하지 않기다. 한발 물러서서 양보하기, 스스로 행복하기다. 그런데 생일날 저녁, 나는 내가 가여워 한참을 울었다. 따뜻하게 데운 가슴으로 그렇게 나를 꼭 안아 주고 싶었다.

소나기처럼 폭발한 감정이 가라앉자 손을 뻗어 룸 밀러를 내려 나를 보았다. 실핏줄이 터져 빨간 눈자위에 눈물이 고여 있는 것이 납량특집 시리즈를 보고 있는 것 같았다. 피식 웃음이 났다. 얼룩진 뺨위를 파우다로 마무리하고 립 클로즈로 마른 입술을 적셨다. 비에 젖은 잎이 더 생기 있듯 젖은 감정을 추스린 후 되찾은 생기는 나를 더 밝게 했다. 백열등 아래서 긴 책상 펴고 뽀송한 옷차림으로 나를 기다리던 아이들은 생쥐꼴의 선생님을 보고 깔깔대며 웃었다. "소나기가 내렸거든. 순식간이었어."라며 앉으려는 나의 바지를 본 한명이 "쌤 오줌 쌌어요."라며 책상을 두드리며 웃었다. "웃을 일 없는 너희들이 즐겁다면 이 한 몸 무너지리라."며 분위기를 잡아 진도를 나갔다. 수업에 열중하면 나도 나를 잊고 시간 속에 몰입하는데 그날은 자꾸만 내가 보였다. 순간순간 울컥이는 감정을 조절하며 애써 웃었다. '웃고 있어도 눈물이 난다.' 는 말이 비로소 나의 언어로 이해되었다.

씩씩하다. 지인들의 대체적인 나에 대한 평이다. 나 역시 그 말에 공감한다. 활동적이라 외출하는 것을 싫어하지 않고 좀체 모임에 빠지는 일도 없다. 녹아내릴 듯 피곤하지만 친구들 만나 밥 먹고 이야기하다보면 어디서 새로운 기운이 채워지는 것 같다. 누가 대신 해줄 수 없는 내 삶의 몫인데 그 무게가 무겁다고 드러내고 싶지 않았다. 소린친다고 해결되지 않음도 안다. '피할 수 없으면 즐겨라.' 를 주문처럼 중얼거리며 내게 최면을 걸곤 한다. 아이들을 대상으로 일을 하다보면 찌푸렸던 일들이 잊어지는 경우가 허다하다. 바쁘게 몇 타임 수업 마치고 나면 풀리지 않을 것 같았던 감정의 고리들이 어느새 느슨해져 있곤 했다. 그래서 늘 내 일에 만족한다. 11시30분. 현관 앞에 커다란 벤자민 화분이 놓여 있었다. '가장 기억에 남는 생일이 되라.' 는 친구의 카드를 읽으며 집안으로 들어갔다. 와르르 달려 나와 매달려야 할 딸들의 인기척이 없었다. 뭔가 꾸미고 있나보다. 내심 모른 척 "엄마 왔다." 를 외치며 집안을 두리번거렸다. 낮에 동생이 놓고 간 케이크에 불이 켜지고 둘째의 어설픈 생일축하 연주가 시작되었다. 엄마 수업 간 동안 열심히 공부했다며 채점할 문제집을 선물인양 식탁 위에 올려놓고 두 딸은 자러 갔다.

장마를 견디고 즐길 수 있는 것은 장마 끝에 더 뜨겁게 떠오르는 태양을 믿기 때문이다. 경험보다 큰 지혜는 없다더니 나도 어느새 어른들이 중얼거리는 말들을 익숙한 입버릇처럼 할 때가 있다. 십

년, 아님 이십 년 후에 텃밭 가꾸고 화초 가꾸는 것이 일이고, 동인들 근황 챙기며 간간히 책 읽고 글 쓰는 것이 생활의 전부인 내가, '여유' 라는 단어가 생활이 되어버린 내가, 지금의 나를 기억할 것이다. 24시간이 모자랐던 지금의 나를 몹시 그리워 할 것이다.

"삼십 대에는 마흔이 무서웠다.

마흔이 되면 세상이 끝나는 줄 알았다.

이윽고 마흔이 되었고 난 슬프게도 멀쩡했다.

쉰이 되니 그때가 그리 아름다운 나이였다.

예순이 되면 쉰이 그러리라. 일흔이 되면 예순이 그러리라."

어느 시인의 '그때는 그때의 아름다움을 모른다' 는 시구처럼 내 삶의 절정이 지금이라 믿으며 스스로를 다독인다. 오늘 흘린 내 눈물이 먼 훗날 진주처럼 빛나는 웃음이 될 것을 믿어본다. 새벽 2시다. 열어둔 창으로 사정없이 내리꽂는 빗방울이 거실바닥을 적신다. 창가에 둔 벤자민 화분을 가만히 쓰다듬는다. 잊지 않고 기억해주는 친구는 나무를 지탱하는 흙처럼 나를 지탱하는 마음의 둔덕이다. 새벽까지 이어지는 나의 긴 하루, 나눠 마신 맥주에 기분이 좋아진 남편의 목소리가 들린다. "아직 멀었어?" 나를 재촉하는 목소리가.

지가 스님이야?

좋다. 새 아파트가,

구름이 꽃처럼 피어오르는 모습을 19층 베란다에서 본다. 마치 내가 다니던 함지산 정상에 올라온 듯하다. 손을 뻗으면 만져질 듯한 산봉우리들이 내가 서 있는 곳을 잊게 한다. 한 아파트에 살던 성호엄마가 학군 좋은 곳에 새 아파트를 사서 이사를 갔다. 친하게 지내던 세 명의 이웃과 아침 일찍 그녀의 새 집 구경을 간 것이다. 자신이 살고 있는 아파트가 얼마나 좋은지 설명하기에 여념이 없는 성호엄마의 손에 이끌려 집안 곳곳을 따라 다니며 전망을 본다. 감탄사를 연발하는 일행의 탄성에 만족한 웃음을 짓는 성호엄마는 예전의 모습이 아니다. 학원비 아끼느라 학습지 사서 직접 가르치고, 웬만한 거리는 자전거로 다니던 씩씩한 모습은 온 데 간 데 없다.

부럽다. 그녀의 환경이,

여유로운 말투와 기름진 목소리는 그녀가 더 이상 나와 같은 수준이 아님을 못 박는 것 같다. 시켜먹는 음식은 인공조미료 덩어리라 손수 만들어 먹고 나누어 먹길 즐기던 그녀인지라, 당연히 집에서 점심 먹으리라 기대했던 우리는, 나가서 먹자는 말에 내심 놀라고 있었다. 자전거로 단련된 그녀의 튼튼한 다리는 자가용 브레이크 위에 어색하게 얹혀 있었다. 찾아간 식당도 우리의 입을 다물지 못하게 했다. 차림표의 가격을 보며 필요한 것 사라고 봉투에 넣어 준 돈이 부족하다는 생각에 마음이 불편했다. 보이지 않는 거리를 느끼며 우리는 그녀의 리더로 처음 먹어보는 음식을 먹었다. 농사짓던 시댁의 농지가 택지개발로 보상받았다 한다. 빠듯한 월급쟁이에게 뭉칫돈이 생긴 것이다. 그래서 그녀의 목소리에 윤기가 가득했구나!

지친다. 내 일상이,

꽉 짜여진 수업시간에 열성 없는 아이들에게 가르치려 악쓰며 보낼 오후가 길기만 하다. 탕진한 에너지를 가지고 버텨 낼 자신이 없다. 몸보다 마음이 더 무겁다. 편안한 친구 만나서 나른한 오후를 즐길 수만 있다면 한결 나아지겠지. 그러나 그럴 수 없기에 더 간절한 여유다. 지친 마음을 채울 시간조차 없다는 생각에 마음은 가시투성이다. 여기서 삐죽, 저기서 삐죽……. 부딪치면 상처가 된다. 같은 상황 속에서는 마음먹기에 따라 천국과 지옥이 교차한다. 행복과 불행이 내 마음속에 있음을 안다. 마음을 다스려보려 하지만, 벌써 출발된 지옥행은 계속 질주한다. 걷잡을 수없이…….

원망스럽다. 남편이,

개발지역에 고향 아닌 것도 원망스럽고, 물려줄 것 하나 없는 어머니께 지극정성인 효심도 궁상맞게 보인다. '여왕으로 만들어 주마'던 호기는 사라지고, 아내의 돈벌이에 은근히 안도하는 소심함도 싫다. 감정의 소용돌이에서 빠져나와야 하는데 토네이도에 휩쓸려 휙휙 날아만 다닌다. 수업할 아파트 정문 앞에 약국이라는 간판이 어서 오라고 손짓이라도 하는 듯 나는 익숙한 발걸음을 옮겼다. "피로회복제 하나 주세요." 두통약보다 더 큰 영양제를 까 입에 넣고, 박카스보다 더 화려한 포장의 드링크를 마셨다. 입가에 묻은 액체를 손등으로 쓰윽 닦아내며 약국 문을 나선다. 가스 충전하듯 에너지를 충전했다는 생각에 오후를 견뎌낼 작은 의욕을 찾았다.

헤어지자, 우리.

여기저기 널브러진 가방과 책들을 정리하며 아이들에게 짜증 내는 나를, 인격미완성자 또는 감정조절불능자로 바라보는 남편에게 대뜸 하고픈 말이다. 나 하나의 몸이라면 새처럼 자유로울 것인데, 남편과 자식이 발목 잡는 사슬처럼 치렁치렁 부담스럽다. 모든 원인이 남편에게 있다는 생각에 입에서 나오는 말은, 말이 아니라 날카로운 송곳이다. 내 시선이 머무르는 곳마다 송곳이 날아가 꽂힌다.

훌쩍이는 아이들을 방으로 밀어 넣으며 남편은, "오늘 무슨 일 있었어?" 라고 묻는다. 차근차근 설명할 분위기가 아니기에 언성은 높아졌고, 침대모서리에 구부리고 앉아 훌쩍이는 난, 이혼을 꿈꾸고 있었다.

할 말 있다, 내게도.

술잔을 연거푸 마시던 남편의 말은 나를 당황케 했다. 일한다는 핑계로 등한시하는 가사노동은 어느새 자신의 몫이 되어 있고, 엄마의 정성어린 손맛 대신 반찬가게에서 산 반찬이 식탁 위에 자주 올라온다는 것이다. 피곤하다며 많은 모임에는 한번도 빠지지 않는 것도 이해 할 수 없단다. 같이 일하기에 배려하고, 도와주는 자신의 노력은 당연한 것이고, 늘 부족함만 읊어대는 모습은 자신이 좋아했던 그 모습이 아니란다. 처음 시작할 때 우리의 환경에서 얼마나 나아졌는지, 만족할 줄도, 행복을 찾을 줄도 모르는 나의 태도가 섭섭하단다. 처음 결혼을 약속할 때 했던 생각들은 휴지조각처럼 버리고, 세상에 물들어 가는 내가 타인 같단다. 억새처럼 강해져가는 나의 모습이 자신의 잘못인 것 같다며 쓸쓸해 하는 표정이 슬퍼보였다.

돌아보자, 그 옛날을.

절대적 우위라고 여겼던 싸움은 작은 것에 만족하며 살자는 남편의 대화법에 밀려 나 자신을 돌아보는 계기가 되었다.

물질로 삶의 질을 결정하는 생활 속에 젖어 있다 보면 어느새 처음 마음은 사라지고, 위만 바라보며 부족함을 채우려 바둥거리게 된다. 채우면 채울수록 더 채워야 하고, 가지면 가질수록 더 가지고 싶은 것이 욕심 아닐까? 무소유의 삶을 실천하시는 법정스님께서 산사에서 내려와 내 앞에 앉아 있는 듯 마음이 잔잔해진다. 야망도 욕심도 없는 남편의 적당주의가 참을 수 없었는데, 자신의 인생관을 한결 같이 지켜가는 것이 그의 매력으로 다가왔다. 그래, 이 모습에 빠져 내 인생을 걸었지. 격한 감정의 소용돌이가 가라앉고 새벽을 여는 따스한 햇살 같은 행복이 밀려왔다.

꿈꾼다. 아직도,

구이 집 문을 닫고 나서니, 쌀쌀한 밤공기가 붉게 달아오른 술기운을 식혀준다.

정신이 번쩍 든다. 구이 집에서 멀어질수록 남편의 논리에 고분고분 인정했던 말들을 하나씩 부정하고 있었다.

명색이 논술교사로 인정받는 내가 일 년에 책 한권 간신히 읽는 남자와의 대화에서 패배한 것이다. 난 늘 이런 식이다. 이 남자와 마주앉아 있으면 내 이성은 사라지고 없다. 아지랑이처럼 몽실몽실 피어오르는 사랑의 감정으로 그를 바라보게 된다. '미쳤어, 내가 귀신에 홀렸나봐. 지가 스님이야, 무소유는 얼어 죽을 무소유' 속으로 궁시렁 댈 뿐이다.

천둥소리

"우르르 쾅"

하늘이 갈라지는 듯한 소리에 눈을 떴다. 잠들면 좀체 일어나지 못하는 내가 새벽에 깨어난 것은 특별한 일이다. 여름밤의 후텁지근한 기온은 밤이라고 수그러들지 않았다. 얇은 홑이불도 발밑으로 차버린 침대 위에는 몸만이 덩그러니 있다. 또 다시 거대한 소리가 새벽을 가른다. 천둥소리다. 순간 온몸으로 퍼지는 한기에 이불을 끌어당긴다. 빛과 소리를 연이어 교차시키는 번개와 천둥소리는 무서움까지 일게 했다. 이불로도 부족해 남편 품으로 들어간다. 남편도 잠이 깼나보다. 애들이 놀랄까봐 얼른 가 본다. 천지가 개벽해도 모를 듯 깊은 잠에 빠진 아이들을 확인한 남편은 다시 잠자리에 든다. 무섭다며 파고드는 나에게 '죄 지은 게 많으니 무섭지.' 란다. 그 말이 못내 섭섭해 돌아누웠다.

야속하다. 부부사이는 때로 별것 아닌 일이 야속할 때가 있다. 모든 것을 다 알고 이해해주기를 바라는 집착 때문일 것이다. 몇 번이나 천둥에 관한 아픈 추억을 이야기 했는데 이 남자는 의식조차 못한다. 이성이 쉬는 잠자리에서는 감성이 지배한다지만 서운한 마음은 떨칠 수 없다. 원초적인 감성은 지극히 자기중심적이다. 천둥소리가 무서운 것은 나이고, 쏟아지는 잠으로 빠져드는 것은 남편의 현재다. 하늘을 찢고 부수어 마침내 내리치는 저 소리에 아련한 기억 한 조각이 새벽 저편에서 깜빡인다. 잠을 놓친 선명한 의식은 블랙홀로 빠져든다.

뒷산에 참나무 잎이 무성하고 매미들의 합창에 귀가 자그럽다. 연두색 감잎이 진초록으로 변해갈 즈음 감나무 아래서는 부채 든 노인들이 담소를 나눈다. 그 모습이 하늘에서 내려온 신선의 사촌쯤 된 것 같다. 이른 아침에 김매고 소꼴 한바지게 해 놓으신 어른들은 평상에서 낮잠을 즐긴다. 농한기에만 볼 수 있는 한가함이다. 토닥토닥 아이들의 발자국 소리에 쉴 틈 없었던 골목도 잠잠한 여름 오후다. 햇살조차 조는 나른한 오후에는 집집마다 기르는 소를 몰고나와 풀을 먹이러 갔다. 오빠 또래들이 주로 하는 일이다. 소꼴 먹이는 일은 세 살 위인 작은오빠의 일이었다. 그날은 오빠가 없어 내가 누런 소를 몰고 나섰다.

'미륵들' 을 지나면 '밤산' 이다. 밤산이 소꼴 먹이는 목적지다. 부처 다음에 나타나 중생을 구제한다는 미륵. '미륵들' 은 들이라기보다는 산에 더 가깝다. 그만큼 습하고 깊다. '미륵들' 을 지나 '밤산' 에 이르렀다. 외지 사람이 밤나무를 심어 '밤산' 이라 한다. '밤산' 은 산이라기보다는 들에 가깝다. '미륵들' 과 '밤산' 의 경계가 어딘지 모르지만 우리는 '밤산' 에서 소의 고삐를 풀었다. 소는 소끼리, 사내아이는 사내아이끼리, 계집아이는 계집아이끼리 놀이에 매몰된다. 저수지에서 멱을 감고, 깨금을 따 먹으며 작열하는 태양을 따돌리고 여름의 진정한 정복자가 된다.

일기예보에 귀 기울이던 때가 아니었다. 태풍이 상륙했었나보다. 갑자기 하늘이 흐려지고 먹구름이 뒤덮여 주위가 깜깜해졌다. 곧 쏟아질 비를 예상하고 모두들 자기네 소를 불러 집으로 내려가고 한 살 아래의 정애와 둘이서 소를 찾아다녔다. 하늘이 터질 듯한 천둥소리에 우산을 집어던지며 정애와 부둥켜안고 울었다. 성난 하늘은 우리의 울음을 삼켜 어느 곳으로도 퍼져나가지 못하게 했다. 먼저 간 오빠들에 대한 섭섭함도 잠시, 오로지 지옥 같은 그 순간을 벗어나고 싶었다. 그날 밤 나는 앓아누웠다. 침 잘 놓는 어른이 다녀가고 밤이 깊도록 엄마는 곁을 지키셨다. 그 일이 있고 난 후로 난 더 겁쟁이가 되었다. 혼자서 집을 지키는 것은 상상도 못했다. 특히 밤에는. 당찬 동생을 더 미더워 하신 것으로 봐서 참으로 어리숙했나보다. 천둥소리는 그렇게 나를 더 얼뜨게 만들었다.

청각이 시각보다 더 자극적이고 오래 기억된다고 한다. 공포 영화를 더 으스스하게 만드는 것은 화면 전반에 깔리는 배경 음악이다. 신경을 자극하는 음악이 간담을 서늘하게 한다. 우리는 의식하지 못하는 사이에 수많은 소리에 노출된다. 소리의 높낮이에 따라 그 느낌이 다르다. 소곤소곤 귀속말은 10db로 마음을 안정시키고 달리는 차 소리는 70db로 소음이다. 천둥소리는 80db로 심각한 소음 수준이라 한다. 1분에 서너 차례 반복되는 천둥소리는 갓 열 살이 지난 나에게 엄청난 소리가 되어 깊은 상처로 아물었다. 지금도 천둥소리를 들으면 상처에서 그날의 무서움이 살아나 전율이 나를 감싼다.

나쁘다. 이 이야기를 여러 번 했건만 '죄 지은 게 많으니 무섭지.'로 무성의하게 말하고 잔단 말인가. 돌린 등과 등의 거리감에 새벽은 쉬 밝지 않고 천둥 · 번개는 콩 타작하듯 볶아댄다. 이제는 극복하고 싶다. 또 다른 천둥소리를 만나고 싶다. 깊은 잠조차 달아나게 하는 소리, 심장이 먼저 눈치 채고 반응을 보이는 소리를 말이다. 침묵, 침묵으로 달려오는 나만의 천둥소리를 만들어야 한다. 내 잠자는 의식을 깨우고 무뎌가는 감각을 살려내는 소리를 찾아야 한다. 가을을 재촉하는 비가 천둥을 동반한다. 늘 숨고 피했던 나를 일으키는 침묵의 소리가 나를 일으킨다. 당당히 맞서 그 아래 서 보라 한다. 그래야만 참다운 침묵이 말하는 나의 소리를 들을 수 있다한다. 또 다시 '미륵들' 에 가서 천둥소리를 기다려 볼까.

경험한다는 것

교훈과 잔소리의 차이는 뭘까? 어른들은 삶의 지혜를 전해준다고 말한다. 그것이 다 교훈이라며. 듣는 젊은이는 잔소리라 여기며 지겨워한다. 실패를 경험하거나 아픔을 겪은 이들은 다시는 그런 전철을 밟지 말라며 길을 잡아주려 하지만, 삶은 스스로 경험하여 깨달아야 하는 것인가 보다. 어른들의 말씀을 '소귀에 경' 읽듯 흘려버리기 일쑤다. 귀에 못이 박히도록 듣던 소리가 어느 순간에 가슴에 쏴하게 다가올 때가 있다. 비로소 자신도 체험한 것이다. '아하, 그래서 그렇게 말씀하셨구나!' 만신창이가 되었다할지라도 자신이 겪지 않으면 느끼지 못하는 것을 어찌하랴.

모처럼 가족이 함께 저녁을 먹었다. 삼겹살에 묵은지 구워 두런두런 이야기 나누며 일상의 잔잔함에 젖어 있었다. 요즘 들어 연예인에 관심이 부쩍 많아진 딸이 대뜸 묻는다.

"엄마는 아빠 말고 좋아한 사람 없어?"

대학 2학년에 아빠 만나서 선 한번 보지 않고 졸업하던 해에 결혼했다고 늘 이야기해서인가. 딸에게 엄마의 사랑은 아빠뿐이라는 등식이 각인되어 있나보다. 어찌 대답해야 할까? 내 대답에 따라 한 사람은 환한 얼굴로 안심할 것이고, 또 한 사람은 인간적 매력 빵점으로 실망할 것 같은 분위기다. 두 사람 모두에게 만족한 대답을 찾다 말꼬리를 돌렸다.

"지민아, 그런 질문은 아빠 없을 때 해야지."

순간, 짜릿한 바람의 기억이 스쳤다. 묵은지 익는 냄새 위로 향긋한 냉이향이 겹쳐졌다. 냉이향은 추억을 부른다. 오랜 연애에 마음 흔들린 유혹이 없었다면 이십대의 이력이 심심하지 않은가. 눈빛은 가족에게 두고, 맛난 음식 먹으며 아련한 옛 생각에 잠기는 나의 연기력에 스스로 놀라웠다. 그러다 그런 질문을 하는 딸의 심리를 파악하기에 바빴다. 이 녀석이 누굴 좋아하나. 벌써 그러면 안 되는데……. 엄마의 연애 경험을 묻는다는 것은 자신에게도 연애에 대한 호기심과 궁금증이 생겼다는 것이 아닐까? 그 대상이 연예인이든 또래 친구든 감정의 소용돌이를 겪고 있는 딸은 엄마의 동의를 얻고 싶은지도 모른다. 그러나 엄마라는 동물은 이성적이다. 자신은 몇 권 분량의 연애 경험이 있었다할지라도.

다양한 경험은 감수성을 자극하고 인간을 성숙시키며 완전한 인간으로 이끌어준다. 그러나 그 경험은 나에게만 해당된다. 타인에게는 아픈 만큼 성숙한다지만, 딸에게는 너는 아프지 마라. 너는 함정 같은 그 감정에 발을 디디지 말라고 한다. 여행을 떠나겠다는 자식도, 사랑에 빠져드는 자식도 얼마나 불안한지 모른다. 엄마의 품에서 벗어나 감정적으로 독립하려는 딸에게 풍부한 경험을 쌓으라 하고 싶지 않다. 지금은 월드비전 구호팀장으로 있는 '한비야' 가 오지만을 다니며 쓴 '걸어서 지구 세 바퀴 반' 을 경전삼아 본 적이 있다. 틈만 나면 데리고 다닌 탓인지, 피가 유전되었는지 녀석도 여행 좋아하고 모험을 즐기는 편이다. 대학생이 되면 오지체험을 꼭 하고 싶다고 한다. 그 아이가 겪을 다양한 경험에 지레 겁을 먹고 있는 나를 본다. 이기적인 나의 모습이 그 속에 있다.

나는 여행을 좋아한다. 여행은 사람을 넉넉하게 한다고 믿기 때문이다. 나의 여행이라는 것은 방학에 외가 나들이와 5일장 가는 것이 전부였다. 여행다운 여행은 초등학교 6학년 수학여행이 처음이었다. 장소는 '서울' 그 이름만으로도 흥분을 감출 수 없었다. 서울나들이를 기다리던 느낌은 아직도 생생하다. 그렇게 여행이란 단어는 약간의 울렁거림과 함께 서울을 떠올리게 한다. 살고 있는 골짜기가 세상의 전부이고, 전교 여섯 학급뿐인 학교가 가장 컸던 공간인 나에게 서울은 신선한 충격이었다. 미숭산 자락에 걸린 구름이 가장 높다고 생각한 나에게 남산타워의 하늘 향한 끝없는 손 뻗침은 새로움 그 자체였다. 행여 길 잃을까하여 단체로 준비한 주황색 모자를 쓰고, 어색하게 웃고 있는 수학여행 사진 속의 난, 놀란 토끼처럼 눈을 동그랗게 뜨고 있다.

아마 그때부터 일 것이다. 떠나는 설레임과 설레임 끝에 만나는 새로움에 매료되어 시간나면 시간에 맞춰, 돈이 나면 돈에 맞춰 떠나길 좋아한 것이. 화려하면 화려한 대로, 누추하면 누추한 대로 '이것이 여행이야. 여기서 느끼는 경험들이 내 삶을 풍요롭게 해.' 라며 어떤 여행에서도 의미 부여하길 좋아한다. 많이 보고 많이 느끼자는 것이다.

산에 해박한 사람, 낚시에 해박한 사람, 마주치는 꽃마다 꽃이름을 불러주고 꽃말을 줄줄 외우는 사람, 모두 경험이 풍부한 행복한 사람이다. 그런 사람 곁에 있으면 함께 있는 그 자체로 만족감을 느낀다. 경험이 부족하면 메마르기 마련이다. 그런 사람 곁에 있으면 갈증이 난다. 경험은 사람의 마음 밭까지 갈아주나보다. 경험은 수확을 기다리는 늦여름의 시골길 같다. 알곡도 있고, 쭉정이도 있지만, 수확의 기쁨은 한결같다. 아플지라도 경험은 우리의 삶을 지혜로 이끌어 준다. 때론 쌀이 되기도 하고, 콩이 되기도 하겠지. 무엇이 된들 어떨까. 누리는 넉넉함은 한 솥인 것을…….

조심스레 말해본다.

"딸아, 세상의 많은 경험을 해보아라. 그리고 경험을 두려워하지 마라.

단, 연애는 신중해야 한다는 걸 명심하여라."

엄마와 딸

"어휴~ 내 팔자야"

자정을 넘긴 시간에 책상을 정리하며 팔자타령을 했다. 그 옛날, 삶에 지친 엄마의 입에서 이런 말이 나오면 나는 까닭 모르게 슬펐다. 그 말을 하는 엄마의 모습은 행복과는 멀리 있는 사람 같았다. 내 입을 통해 나온 그 한마디에 소스라치게 놀랐다. 내 얼굴 위로 지친 엄마의 얼굴이 투영되기 때문이다. 엄마라는 존재는 당연히 그러해야한다고 생각했다. 내가 엄마의 나이가 되고서야 알게 된다. 엄마도 누군가에게 의지하고 싶고 사랑받고 싶은 여자이고, 독립된 인격체라는 것을. '그때 엄마는 이보다 더 힘들었겠지' 그러면서 조금씩 엄마를 이해하게 된다. 엄마의 삶에 비하면 나는 얼마나 수월한가. 편리한 과학으로 도배된 아파트에서의 살림은 과거 엄마들의 노동력과는 비교가 되지 않는다. 그러나 타인의 죽을병보다 내 손톱 밑의 가시가 더 아프다고, 내 어깨에 지워진 짐만 무겁게 느껴질 뿐이다.

중학교에 입학하는 큰딸이 독방을 쓰고 싶다기에 공부방, 침실방을 분리해서 두개의 방을 만들어야 했다. 엄두가 나지 않아 차일피일 미루다가 방학이 끝나겠다는 생각에 시작하기로 했다. 토요일, 퇴근해서 늦은 저녁 먹고 시작한 작업이라 그런지 자정을 훌쩍 넘긴 시간임에도 일은 끝이 보이지 않았다. 단계에 맞지 않는 책은 들어내고, 기념이 될 아이들 일기장과 기록문들은 박스에 따로 모았다. 집수리 한지가 3년 됐으니 3년 만에 들쳐보는 것들이다. 산더미처럼 들쑤셔낸 책들 사이에 앉아 둘째딸이 방학숙제로 낸 기행문을 보았다. 꽃무늬 원피스를 입고 월정사 팔각 구층 석탑 앞에서 찍은 사진 속의 딸은 웃고 있었다. 사진속 딸의 웃음이 나를 웃게 했다. 깔깔대던 딸의 웃음이 귓가에 맴돈다. 사진 붙이고 그 옆에 설명을 곁들인 기행문은 초등1학년답게 또박또박 쓴 글씨에서 순수함이 묻어났다. 거부할 수 없는 유혹에 이끌리듯 남은 지면들을 들쳤다. 그 날의 일들이 아스라이 되살아났다.

양은냄비 들고 라면 한 젓가락 입가에 가져가는 사진 앞에서 침을 꼴깍 삼킨다. 한여름 뙤약볕을 피해 들어간 이름 모를 계곡에서

라면을 끓였었지. 계곡물에 발 담그고 먹었던 얼큰한 라면 맛이 사진 속에서 전달되었다. 기억 속에 저장된 행복은 현실의 힘겨움을 들어주고 짧은 순간, 마음이 환해졌다. 새로운 행복을 저장하기 위해 오늘 무엇을 해야 할지 알 것 같았다. 가슴 어디선가 에너지가 샘솟는다. 엄마도 이랬을까? 바위 같은 현실의 무게를 이겨낼 수 있었던 힘의 원천이 '우리' 였을까? 시간을 잊은 걸까. 길을 잃은 걸까. 마무리해야하는 책상정리를 뒤로 한 채 생각의 늪으로 빠져들었다.

'황지연못은 낙동강 발원지
하늘빛을 닮은 연못,

- 중략 -

황지연못아,
너는 누굴 닮았니?

로 끝나는 딸의 시와 황지(黃池)를 배경으로 한 선명한 사진에 눈이 머물렀다. 강원도 태백에 있는 황지(黃池)는 낙동강 발원지다. 조그마한 연못에서 쏟아난 물줄기가 521.5km로 낙동강의 모태다. 경상북도의 중앙을 지나 황강, 남강, 밀양강과 합쳐져 부산광역시의 서부에서 남해로 흘러든다. 그 길이를 가늠하려 했으나 머릿속의 자로는 한계가 있었다. 다만, 끊이질 않는 물줄기와 강한 생명력에 외경심이 일었다. 감싸 안으면 내 품에 쏘옥 들어오는 엄마의 작은 몸이 황지(黃池) 같다. 그 작은 몸에서 태어난 다섯 자식들은 장대처럼 자라 넓은 곳으로 나아갔다. 그 자식이 나은 자식들은 더 넓은 곳으로 나아가겠지. 늙어 더 작아진 엄마지만 누구도 함부로 할 수 없는 강함이 있다. 엄마의 한마디에 순종하는 자식들은 자신의 발원이 그곳임을 알기 때문일까. 모천으로 향한 강한 본능 때문일까.

손바닥으로 막으면 덮힐 것 같은 작은 샘에서 발원한 물줄기가 내(川)를 이루고, 여러 내(川)들이 모여 강(江)을 이룬다. 보드라운 아기 손 씻어주고 연한 버들개지 피워내던 내(川)에 버들치, 가재 노닐지만 어느덧 커다란 숭어 헤엄치고 연어 떼 거센 물살차고 오르는 굵은 강물이 된다. 뱃사공의 구성진 노래가 강가에 스며들어 우리의 가락이 되고 홍이 되듯, 강(江)을 생명줄인양 의지하며 무리지어 살던 그네들이 모여 역사를 만들었다. 때론 가뭄에 바닥이 드러나기도 하고, 홍수에 범람하기도 했을 것이다. 그 물결 따라 살던 이들의 삶에도 격랑이 함께 일렁였을 것이다. 일렁이는 물살 따라 사라지고 지켜온 나날들이 오늘에 이르렀다. 수많은 생명체를 키워낸 강은 생명이다. 생명을 이어주는 젖줄이다. 커다란 어머니다.

세상의 전부이고 우주 같은 바다도 거슬러 가보면 작은 연못에서 발원했음을 알게 된다. 세계를 움직인 위인도 어머니의 작은 몸에서 잉태했고 그 품에서 비롯되었다. 생각이 여기에 이르자 나는 우주가 되었다. 세상의 중심에 내가 서 있다. 끊이지 않을 생명의 발원지가 내게서 시작되고 있다. 어깨를 누르는 힘겨움이 멍에처럼 느껴졌으나 그 무게감이 사명감으로 바뀌는 순간이었다. 낙동강 발원지, 황지(黃池)! 나의 발원지, 엄마! 둘은 공통점이 있다. 작다. 한결같다. 대가를 바라지 않는다. 그리고 퍼가도 퍼가도 마르지 않는다. 삶의 이력이 붙고, 장벽처럼 우뚝 선 어려움을 헤쳐 나가며 깨닫는다. 이제는 내가 발원지가 되어야 함을……. 어쩌면 나는, '내 팔자야' 라는 엄마의 지친 얼굴 뒤에 피어났던 삶의 열정을 읽어내지 못했나보다. 지난 사진 몇 장으로 의욕을 되찾는 내게서 그 옛날 엄마의 모습을 보았기 때문이다.

거울

커다란 눈망울에 눈물이 글썽인다. 한마디만 더 하면 굵은 눈물이 두둑 떨어질 것 같다.가슴이 아프지만 매몰차게 내뱉었다.

"니가 극복해야 하는 일이다. 적응해!"

초등학교 5학년인 딸이 탈모 때문에 또 상처를 받았나보다. 가장 친한 친구 은지에게 고민을 털어놨는데, 이 친구가 다른 친구들에게 이야기 한 모양이다. 스트레스가 원인이라는데, 알면서 또 스트레스를 주었다. 때를 만난 듯 머리를 묶고 있던 1학년인 딸이 부아를 보탠다. 친구 수영이가 너는 뚱뚱해서 수영장 가면 가라앉을 거라 했다며 또 눈물이 고였다. 학교 갈 준비하느라 거울 앞에 선 두 딸의 이야기에 속이 상했다.

내 딸들이 친구에게 놀림을 당했다는 느낌은, 나 자신에 대한 놀림보다 몇 배의 무게로 가슴을 짓눌렀다. 큰딸에게는 '스스로 이겨내라' 하고, 작은 딸에게는 '넌 살이 찐 게 아니다. 그러나 그런 소리가 듣기 싫으면 살을 빼라.' 고 언성 높여 말하고, 현관문으로 아이 둘을 밀쳐내듯 보냈다. 따뜻한 위로는 못해줄망정 아이들 가슴에 더 큰 아픔을 준 것 같은 자책감은 엘리베이터가 11층을 내려가기 전에 다가왔다. 베란다로 좇아가 밖을 보니, 둘이 손잡고 의지하며 가고 있었다. 위로 바라봐준다면 손이라도 흔들고 싶은데 무심히 지나갔다. 거울을 보았다. 겨우 눈곱을 뗀 부스스한 얼굴의 아줌마가 인상을 잔뜩 쓰고 있다. 참 볼품없는 얼굴이다. 샤워기 수압을 최대로 높여 차가운 물에 머리를 감았다. 마음이 한결 안정되었다. 커피를 한 잔 타서 원고지 앞에 앉았다.

오남매의 넷째로 태어나 있는 둥 없는 둥 유년기를 보낸 나에게도 많은 상처들이 있다. 크고 쌍꺼풀진 눈을 가진 예쁜 언니와 총명한 오빠는 보는 이들의 입에 오르내리며 엄마의 어깨를 뿌듯하게 했다. 동생은 어른 몇이라도 모이면 깜찍하게 노래하고 춤을 추어 박수를 받았다. 모두가 자신의 무릎에 동생을 앉히고 싶어 했다. 싫은 것은 싫다고 말하고, 갖고 싶은 것은 떼를 써서라도 갖는 동생이 부러우면서도 나는 그렇게 하지 못했다. 까만 얼굴에 자신의 의견조차 말하지 못하는 나를 보고, 부모님은 '저게 어디 가서 지 생각이라도 말할 수 있을까' 라며 늘 걱정이셨다. 거기다가 왼쪽으로 고개가 기울어 '빼또라미' 라는 별명까지 꼬리표처럼 따라 다녔으니, 부모님 심정이 오죽했을까?

모내기철에 태어난지라 칠일 만에 언니 등에 업혀 논에 나갔다고 한다. 얼마나 일손이 부족했으면 논두렁에서 젖먹이고, 다시 모내기를 했다한다. 갓난아기를 업은 여섯 살 난 언니는 오줌이 마려워도 아이를 받아주지 않아서 서서 쌌다고 한다. 그러니 갓난아기의 머리 모양까지 신경 쓴다는 것은 상상도 못할 상황이었다. 순하디 순한 갓난아기는 한쪽으로만 누워 어린 언니 등에서 잠만 잤다한다.

외가에 갔을 때였다. 언니와 동생 앞에 선 친척들은 눈이 어쩜 이리도 클까, 인형처럼 귀엽다며 칭찬이 끊이질 않았다. 그 속에 슬픈 눈빛으로 서 있는 나에게 따뜻한 손길을 내민 것은 언제나 엄마였다. 내 어깨를 감싸며 '얘는 얼마나 어진지 몰라요. 생각하는 것이 어른보다 나아요. 지금까지 키우며 속 썩인 일이 하나도…….' 나에 대한 엄마의 칭찬은 어린 내가 들어도 도가 지나치다 싶을 정도로 계속 되었다. 그런 엄마의 걱정과 격려를 언덕삼아 나는 조금씩 자랐고, 힘든 고비가 있을 때마다 무사히 넘을 수 있었다. 초등학교 다니면서도 상장을 줄줄이 받아오는 오빠, 언니와는 달리 나는 변함이 없었다.

초등학교 5학년이었다. 박정희 대통령이 김재규 당시 중앙정보부

장에게 총살당하는 사건이 일어났다. 나라가 휘청거리는 사건으로 시골마을까지 술렁이었고, 작은 학교도 침울했다. 선생님께서 청와대에 보낼 편지 숙제를 냈다. 아픔에 익숙한 난 타인의 아픔도 읽어낼 수 있었던가. 나의 편지가 학교 대표로 청와대에 보내졌고, 얼마 후 답장이 왔다. 인쇄된 걸로 봐서는 전국에서 온 편지에 똑같이 보내는 것임을 알 수 있었다. 그러나 주위의 반응은 나를 당황케 했다. 청와대 도장이 찍힌 편지지를 받아든 부모님의 얼굴엔 기쁨이 넘쳤다.

나로 인해 기뻐하는 부모님을 본다는 것이, 어떤 만족을 주는 지 아직도 생생하다. 돌이켜보면 그 기쁨은 우려했던 딸에게서 발견한 작은 안도감은 아니였을까? 친구들도 그 편지를 읽어보려고 줄을 섰고, 어른들은 잊혀진 존재였던 학골댁 넷째를 기억해냈다. 그 후로 나는 종종 글쓰기 상을 받아 부모님 얼굴에 환한 빛을 가져다주었다. 그 일이 지금의 내 삶에 어떤 영향을 미쳤을까? 아이들에게 독서지도 선생님으로 불려지고 있는 지금의 내 생활에 긍정적인 영향을 끼친 것만은 확실하다.

부모는 자식에게서 자신의 못 다 이룬 꿈을 보상받고 싶어 한다. 자식은 부족함을 극복하여 더 나은 삶을 살기를 원한다. 그러나 그 기대를 채울 수 없는 한계를 느낄 때, 자식은 죄인이 된 듯하다. 나로 인해 부모님의 삶을 자랑스럽게 해드리고 싶은 욕망은 아직도 가득하다. 마흔을 앞에 두고 새로운 열정에 사로 잡혔다. 막연히 가졌던 글쓰기에 대한 꿈을 현실에서 만나고 싶다. 다소 무리겠지만, 3년이란 목표를 정해 두었다. 목표가 있으니 마음을 다잡게 된다. 생각처럼 써지지 않는 글에 긴 한숨 내쉬며 커피 한 잔을 더 탔다. 위축되고 자신감 없는 나에게 지금까지 지지를 보내는 예순일곱의 엄마를 생각한다. 이젠, 내가 그 노모에게 꿈을 이룬 모습을 보여주고 싶다. 그리고 자신의 꿈을 향해 최선을 다하는 엄마로 기억되고 싶다.

다 식은 커피를 후루룩 마시며 상념에서 벗어난다. '엄마' 하며 돌아올 딸에게 무슨 말을 해야 하나. 그 옛날 못난 딸의 어깨에 두 손 얹으며 용기 주었던 엄마처럼, 나도 사랑하는 딸들에게 어떻게 용기를 줄까 생각한다. 그런데 입안에서 말들이 빙글빙글 돌고만 있다.

개천에서 용을(?)

참으로 오랜만에 여유를 누린다. 청소를 끝내고 커피 한잔 타서 아리수(거실에 있는 소나무 좌탁 이름)에 앉았다. 수업준비 할까. 미뤄두었던 책을 읽을까. 행복한 고민을 한다. 정오를 조금 넘긴 거리는 한적하여 나 혼자만의 세상 같다. 여유는 공상에 잠기게 하고 나 역시 그 늪에 빠져 달콤한 유혹을 즐기고 있었다.

그때, 생기 있는 목소리들이 바람타고 11층까지 올라왔다. 창가로 가서 내려 보니 멋을 낸 옷차림과 방금 인사를 나누어 다소 멋쩍어 보이는 몇 명의 엄마들이 서 있다. 아이들 하교 시간에 맞추어 담임 선생님께 인사가는 길일 것이다. 그렇게 한 무리가 지나고 또 다른 무리가 지나갔다.

한 주일 사이에 봄이 완연하다. 달라진 기온으로 겨울옷과 봄옷이 옷장에 섞여 있고, 여기저기서 봄을 알리는 소식들이 앞 다투어

날아든다. 호들갑스러울 정도로 봄을 예찬하는 이도 있다. 봄의 아우성이다. 내게 봄은 새 학기와 함께 시작되었다. 새내기를 맞이하는 학사일정으로 학기는 시작되고 일주일이 지나면 반 임원 선거가 있다. 당선된 아이의 엄마들은 학부모로서의 책임감과 한 학기 행사일정 파악으로 마음이 더 분주해진다. 그 첫 번째 행사가 담임선생님께 인사가는 것이다.

반장 된 아이 엄마가 부반장 된 아이 엄마들에게 먼저 연락하고, 아이들이 3교시 시작될 무렵에 엄마들끼리 먼저 만나 식사라도 한다. 식사 값은 당연히 반장 엄마의 몫이다. 임원 된 아이 엄마들은 통과의례처럼 그 과정을 답습한다. 적극적이고 인기 많은 큰딸 덕분에 지난 5년 동안 한 번도 그 대열에서 빠져본 적이 없었다. 올봄, 난 그 대열에서 빠져있다. 그리고 나른한 봄날을 맞이하고 있는 것이다.

봄의 아우성이 술렁임으로 바뀌는 곳, 학원가다. 영재 학원들은 학부모 설명회를 시작으로 무료 테스트를 해준다. 실력을 알아보는 데도 2만원 남짓한 돈을 내야하는 현실에서 무료는 귀가 솔깃하다. 마음 한구석에 미련을 버리지 못한 내 아이의 영재성을 기대하며 무료 테스트에 참가하게 된다. 학원이름 앞에 '영재'가 붙지 않으면 안 될 정도로 영재는 자식 키우는 부모의 욕심을 자극한다. 공부할 수 있는 환경과 스스로 하고자 하는 성취동기를 키워 '자기 주도 학습' 을 이끄는 것이 최고의 학습이라는 교육관을 가지고 있지만, 쏟아지는 정보는 갈등을 넘어 갈대처럼 흔들리게 한다. 물론 정보를 얻지 못하면 기회조차 갖지 못하는 것도 현실이다.

며칠 전이다. 교육청 영재반을 준비하는 둘째 딸의 친구 엄마가 무료 테스트를 예약해주었다. 그곳에서 상위 0.3%에 들어간다는 아이 엄마를 만났다. 그녀는 교육 전문가였다. 우리나라에서 가장 들어가고 싶은 S대 수학과를 나온 남편과 동시통역이 가능한 자신의 교육비법을 털어놓았다. 부모의 적극적인 뒷받침과 조기교육이 영재성 자극에 절대적이라고 강조했다. '개천에서 용 나지 않는다' 는 그녀의 말은 요즘 교육풍토를 단적으로 보여주었다. 등록하여 내 아이에게 숨겨진 영재성을 일깨워야겠다고 다짐했다. 비싼 교육비, 그것은 부모가 감당해야하는 당연한 임무라고 생각했다.

그날 밤, 나의 다짐에 찬물을 끼얹은 이가 있었으니 바로 남편이다. '모두가 영재이고 모두가 특별하면, 누가 노동자 되고 누가 식당에서 설거지 하느냐' 가 남편의 말이다. 우리 형편에 이만큼의 뒷바라지면 충분하니 나머지는 자신들 몫이라는 것이다. 가난의 대를 이어주고 싶지 않은 나는, 교육만이 유일한 길이라 우겼다. 내가 희생해서라도 좋은 것 해주고 싶은 내 마음을 아는지 모르는지 남편은 지나친 욕심은 자식을 어긋나게 한다며 평범하게 키우자고 했다. 자식의 공부 앞에 너무나 태연하고 방관적인 남편의 태도가 마음에 들지 않았지만 나 역시 싸워가며 등록을 고집하고 싶지는 않았다. 얼마 전 친구에게 들은 사연도 한몫했다.

대구의 강남이라는 수성구에 사는 친구의 이웃집 엄마 이야기다. 그녀는 자식에 대한 교육열이 유별났다고 했다. 자신은 티셔츠 하나 사는 것도 망설이지만 아이의 교육에는 늘 적극적이었다 한다. 현장학습, 체험교육, 과학실험 등 정해진 학원 이외에 쉬는 토요일에 있는 특별 프로그램 역시 부모의 지갑을 열게 한다. 모둠 중심으로 이루어지는 수업의 특성상 빠지는 것이 쉽지 않다. 또래 모임에서 소외될까 '울며 겨자 먹기' 로 참가하기도 한다. 운동까지 선생님 모셔서 하는 교육 현실에 초연해지기는 어려웠을 것이다.

정해진 남편의 월급에서 초과되는 교육비는 현금 서비스를 받았나 보다. 그렇게 매달 몇 십만 원씩 초과한 교육비는 결국 몇 개의 카드를 돌려서 막는 한계까지 왔고, 수 천 만원의 빚을 진 아내를 질책하는 남편과 억울한 아내의 다툼은 가정 파탄까지 갔다는 것이다. 그럴 수 있다는 생각이 들었다. 열심히 일한 남편도, 열심히 교육시킨 아내도 가엽다. 마치 나의 일처럼 가슴이 답답해졌다. 자식 교육을 위해 자신의 삶조차 포기할 수 있는 엄마에게 누가 돌을 던질 수 있을까? 성적으로 순서를 매기는 세상에 내 던져진 아이들, 그 경쟁 속에서 살아야 하는 현실이 황사 낀 봄날처럼 흐릿하다.

한바탕 무리지어 지나간 거리에는 자식에 대한 기대로 한껏 들뜬 엄마들의 생기로 가득하다. 그 무리에서 빠진 새 학기, 모처럼 찾아온 여유를 만끽하던 나는 아웃사이더로 밀려난 듯 진한 소외감을 느꼈다. 봄이면 내 행복에 겨워 학교를 가고, 봄꽃을 사서 교실에 넣었던 나의 뒷모습을 보며 씁쓸했을 이들의 마음이 되어본다. 겨울눈은 추위에 맞서며 새싹을 잉태시키고 잔잎 되어 화려한 꽃송이 밑에 떨어져 있다. 가을 낙엽처럼 마른 잎은 봄을 탄생시킨 겨울눈의 마지막 모습이다. 그 위로 내 모습이 내려앉는다. 지는 것도 공부라는 남편의 말처럼 지는 훈련을 하고 있는 것이다. 자식의 지는 모습을 보는 것은 참기 힘든 고문이다. 내 아이만큼은 상처 없는 삶을 살 것을 원하기 때문이다.

넓어진 세상은 많아진 기회만큼 많은 실패를 안겨준다. 최고를 제외한 대다수는 이길 때보다 져야할 때가 더 많고, 승리의 잔을 마실 때보다 패배의 아픔을 맛볼 때가 더 많다. 그러면서 양보하고 배려하는 공동체를 일구는 성실한 일꾼으로 자랄 것이다.

나는 딸아이의 영재학원 등록을 포기했다. 언 땅 밑에서 봄을 준비하는 씨앗들처럼 그렇게 자신을 다져야 하리라. 머지않아 초록의

싹을 틔우고 세상을 향해 눈부신 꽃을 피울 그날을 위해 지금은 차가운 기운을 이겨내야 하리라. 실패를 딛고 불끈 일어설 수 있는 힘을 저장해야 하리라. 그러면서도 나는 꿈꾼다.

"그래, 개천에서 용 한번 만들어 보자."

제 3 부

5·18 저녁에

가면놀이

어느 동물원에 고릴라가 죽었다. 아프리카에서 고릴라를 수입하려면 돈도 많이 들고 시간도 적지 않게 든다. 인기 있는 고릴라가 없으면 사람들이 동물원도 찾지 않을 것이라는 생각에 동물원장이 꾀를 냈다. 고릴라 가죽을 벗겨서 사람에게 입힌 다음, 고릴라 흉내를 내게 하자는 것이었다.

고릴라 탈을 쓴 사람은 우리 안을 어슬렁거리기만 해도 되는 것을 어찌나 직업의식이 투철했는지 바나나도 먹고, 그네를 타면서 고릴라처럼 연기했다. 어린이들의 환호에 점점 연기에 물이 오른 고릴라 탈을 쓴 사람은 공중그네 3회전까지 하다가 실수로 옆에 있는 사자 우리로 떨어졌다. 기겁한 그가 고릴라 가죽을 벗으려고 안간힘을 쓰면서 "사람 살려" 라고 소리치려는 순간 사자가 다가와 입을 막으며 이렇게 말했다. "입 다물어 인마. 요즘처럼 취직하기 힘든 세상에 일

자리 잃고 싶어?" 결국 그 사자도 가짜였던 것이다. 전병욱 목사님의 '자신감' 이라는 책 속 이야기다. 무릎 치며 웃었으나, 내 모습도 여기에 있다.

최근 가수 유나가 자살했다. 잇달아 탤런트 정다빈이 자살했다. 평소 우울증을 앓던 그녀에게 악성댓글은 치명적이었다. 공인이기에 외면하려 해도 자신을 향한 독설에서 초연할 수는 없었을 터이다. 자신의 본명과 얼굴을 숨긴 채, 타인에 대한 배려는 잊은 채, 감정을 마구 배설하고 있는 우리의 모습이 눈에 선하다. 자신에게는 관대하면서 타인에게는 지나칠 정도로 냉정한 우리를 만난다. 자신이 추구하는 가치관이나 취향에 맞지 않으면 가차 없이 비난을 퍼붓는다. 입으로 옮기기조차 낯 뜨거운 용어들로 도배하기도 한다. 이런 현상은 인간 본연의 모습인지, 문명의 이기로 인간성에 마비가 온 것인지 갈수록 심해진다.

우리는 지금 가면을 쓰고 살아가고 있다. 가면 쓴 사람이 가면 쓴 사람을 만나는 것이다. 여러 개의 가면을 준비해 놓고 필요에 따라 바꿔 쓰는 술책까지 부린다. 눈에 보이는 것은 진실의 목소리, 웃는 얼굴, 선량한 모습들뿐이다. 진실의 가면 뒤에는 부정의 본연이, 웃는 가면 뒤에는 울고 있는 모습이, 선량한 가면 뒤에는 굶주림에 혀를 날름거리는 악마의 모습들이 가득하다. 과연 인간의 참 모습은 무엇일까. 어디에서 진실을 만날 수 있을까. 누군 문학이라고 하고, 누군 자연이라며 현실을 훌훌 털어버리고 산속으로 들어가기도 한다. 그러나 대부분의 우리는 이러지도 저러지도 못한다. 우리는 진실이 통할 때 살맛이 난다. 때론 아주 사소한 일에서 살맛을 찾기도 한다. 맛난 음식을 먹을 때, 갖고 싶은 물건을 가졌을 때, 그리운 이와 마주 앉았을 때가 그러하다.

하루 일과를 끝낸 후에 샤워하고 생 얼굴의 나를 본다. 이 모습이 가면 벗은 진실일까. 그러나 그 모습이 낯설게 느껴지는 것은 왜일까. 너무 많은 가면으로 인해 본연의 내 모습을 잃어버린 것은 아닐까. 난 오늘 몇 개의 가면으로 살았는가. 그 모습 속에 진실은 얼마나 되는지 돌아본다. 엄마들과 모여서 이야기 할 땐, 건강이 최고라고 하지만, 내심 공부를 최우선에 두고 있다. 가정적인 남편을 이상적이라 하면서, 능력 있는 남편을 이상에 두고 있다. 남편 앞에서는 '내 사랑은 당신뿐이야' 를 립싱크처럼 뱉어내는 나를 발견한다. 고릴라 가면을 쓴 사람처럼 나이가 들어가면서 들키지 않게 완벽한 연기를 한다. 나 홀로 있을 때만이라도 물어본다. 너의 진실이 뭐냐고?

가면놀이의 역사는 시대를 거슬러 올라간다. 양반의 모순과 부패를 드러내 놓고 비판 할 수 없기에 탈을 쓰고 마음껏 비난했다. 그것을 풍자와 해학으로 받아들여 우리의 정서가 되었다. 수난의 역사

속에 잠재된 민족적 한도 한 몫 했으리라. 오랜 억눌림 속에 감추었던 감정들은 해방과 더불어 공격적으로 폭발되었고, 역사는 그것을 묵인했다. 민족적 성향 때문일까 타인에 대한 우리의 배려는 부족하기 그지없다. 손님 앞에 상다리 휘어지도록 차려놓고도 차린 것 없다는 어머니의 겸손은 더 이상 겸손이 아니다. 자신의 감정에 좀 더 솔직해지고 그 감정들을 관대히 받아들이는 새로운 마음가짐이 필요할 때다.

태양 가까이에 가지 말라는 아버지의 충고를 듣지 않은 이카로스는 밀랍으로 만든 날개가 녹아 바다에 빠져 죽었다. 가면만 쓰면 우리는 끝없는 추락을 향해 질주하는 이카로스 같다. '장하나' 라는 이름으로 스팸 메일을 보낸 주인공은 스물다섯의 남자 대학생이었다. 음란사이트로 수많은 사람에게 보내진 '장하나' 는 순진한 대부분의 '장하나' 라는 이름에 먹칠을 했다. 우리의 삶은 가면놀이의 연속이다. 만나는 이에 따라 가면이 달라지고, 낮과 밤에 따라 달라진다. 이제 더 이상 가면이 진실을 감추는 추한 대상이 되지 않았으면 좋겠다. 즐기는 축제로서의 가면놀이가 되어야 한다. 신명나게 한 판 놀고 가면을 벗으면 그 속에 땀에 젖은 해맑은 모습을 만나고 싶다.

진실이 진실로 통하지 않으면 거짓이 된다. 점점 더 다양해지고 복잡해지는 삶이 펼쳐질 내일이다. 진실이 진실로 통하고, 인간다운 삶이 공유될 수 있다면 살맛나지 않을까. 결혼 15년째의 아내가 새로운 사랑을 꿈꾼다는 솔직함 앞에 남편은 어떤 반응을 보일까. 퇴근하고 들어올 남편이 기다려진다.

핏줄보다 더 귀한것

버지니아 공대 총기사건으로 온 나라가 술렁인다. 4월6일 버지니아 공대에서는 전대미문의 사건이 일어났다. 같은 학교 학생이 강의실에 들어와 총기를 난사한 것이다. 33명이 사망하는 끔찍한 사건이었다. 대형 사고에 익숙해진 우리의 강철심장은 웬만한 사건, 사고에는 요동도 않는다. 먼 나라, 그것도 세계에서 가장 강한 미국에서의 사건에 우리의 심장이 뛰는 이유는 단 한 가지. 그 사건의 범인이 미국영주권을 가진 한국인 이라는 것이다. 마치 내 자식이, 내 형제가 저지른 범행인 냥 죄스러워한다. '미리 준비한 기사 자료들은 어떻게 할까?' 신문에 무지한 나에게까지 이런 생각이 미칠 정도로 신문사는 대부분의 가사를 총기사건으로 다루고 있었다. 전문가마다 분석이 나오고, 범인 조승희의 행적을 추적하게에 바빴다.

총기사건이 일어나고 며칠 후의 기사엔 미국인과 미국언론이 '이

사건은 한 개인이 저지른 문제일 뿐' 이라며 너무 미안해하는 우리에게 도리어 고마워하고, 위로했다. 우리는 단일민족이라는 민족적 특수성 때문에 온 국민이 책임감을 느끼고 있었다. 조심스럽게 앞으로 우리에게 미칠 영향을 이야기하기도 했다. '미국 비자내기가 어려워질 것이다. 국가 인지도가 떨어져 무역수지가 떨어질 것이다.' 등 여러 추측들이 나올 때라 미국언론의 이런 반응은 우리에게 생소한 것이다. 미국 국적이기에 미국인이고, 사건 당사자 한 개인의 문제로 파악하고 극복하려는 그들의 성숙된 의식에 놀라고 부끄러울 따름이다. 미국의 힘이 이것인가 싶다. 더욱 놀라운 것은 범행 당사자인 조승희의 추모석에도 꽃과 편지가 가득한 것이다. 처음으로 편지를 쓴 로라 스탠리는 '승희 역시 가해자이자 희생자' 라고 했다. 로라 스탠리의 말에서 용서와 포용으로 사건을 치유하려는 그들의 국민성을 알 수 있었다.

만약, 입장이 바뀌게 되면 우리 어떤 반응을 보였을까. 묘한 궁금증이 생겼다. 이성보다는 민족 감성이, 절제보다는 분노가 앞서지 않았을까. '그 나라 사람들 모두 추방하라.' 며 입 모아 성토하지 않았을까. '피' 를 강조하는 우리의 정서는 나라가 위기에 닥칠 때마다 놀라운 응집력으로 이겨냈다. 자랑스럽다. 그 힘이 수많은 외세를 이겨내고 반만년의 역사를 이어온 원천이다. 하지만 '피' 만 강조하는 정서 때문에 문벌, 학벌, 지연 등 끊임없는 당쟁의 원인이 되기도 했다. '내 피가 아니면 안 돼' 라는 완고함 앞에 고아들은 해외로 입양되어야 했다. 고아 수출국이라는 오명 앞에서도 나만은 예외라며 모른척했다. 자식을 적게 낳을수록 '피' 의 대물림에 대한 애착은 더 강했고, 태아성감별로 선택형 출산까지 이르게 되었다.

어릴 때 제사상 차림에 관심이 많아 아버지 옆에서 도우고 있었지만, 제사지낼 때 나는 빠져야 된다는 사실에 늘 못마땅해 했다. 제사 지낸 뒤에도 남자들은 제대로 된 상에서 밥을 먹었고, 여자들은 갖은 나물을 비빈 양푼이를 바닥에 놓고 숟가락 하나씩 들면 그것이 상이었다. '왜 여자들은 제사지내면 안 되냐' 는 항의에 결국, 나에게도 제사에 동참할 수 있는 권한이 주어졌다. 오빠들과 같이 대학공부 한 것으로 차별이 극복됐다고 생각했으나, 결혼은 또 다른 차별의 시작이었다. 외동아들을 둔 시아버지 장례를 집에서 치렀다. 집안의 어른이란 어른은 다 오서서 장례가 끝나는 날까지 계셨다. 상가에 대한 예의인 듯 했다. 그 뒷수발이 장례절차 만큼 힘겨웠다. 어른들이 모여 있는 큰 방은 집안 사건의 평가장이기도 했다. 들어가도 들어가도 다 비우는 그릇들과 끊임없는 화젯거리는 밤을 잊었고, 나이듦을 무색케 했다.

남의 집 외며느리가 되어, 그 유명한 경주의 대추밭 한의원 한번

가지 않고, 태아성감별 않고, 씩씩하게 딸을 둘 낳은 나를 보며 미련하다고 하셨다. '누구네 며느리는 검사해서 딸이라면 싹~없애고 다시 가져 아들 낳았다.' 며 '얼마나 현명하냐.' 는 시고모님의 말씀에서 인간적 비애를 느껴야 했다. '고모님 아들 못 낳는 것은 내 탓이 아니에요. 아들, 딸 결정은 아빠의 염색체가~' 용납할 수 없는 논리를 시댁 어른이라는 장막 앞에 꾹꾹 누르고 있어야 했다. 이 순간만 참자는 내게 시고모님의 아들 낳은 비법은 '소귀에 경 읽기' 였다. 시고모님은 지금도 나를 보면, 지팡이 짚으시는 손으로 내 배를 쓰윽 만져보신다. 행여 기대를 가질까 시고모가 다가오시면 나는 아랫배에 힘을 잔뜩 주고 허리를 잘록하게 한다. 실망하시는 눈빛을 보면서…….

우리 사회도 피로 얽힌 가족을 더 이상 고집할 수 없는 지경에 이르렀다. 아내를 구하지 못한 총각들은 필리핀으로 베트남으로 돈뭉치를 들고 가야한다. 나 하나 희생하여 가족 살리자는 마음으로 한국에 시집온 이국의 젊은 아내들은, 추운 겨울이 두렵고, 중년이 된 남편이 어색하고, 시어머니의 부당한 대우에 견디지 못해 도망 가버린다. 엄마 없는 혼혈아들은 농촌사회의 새로운 문제가 되고 있다. 도시라고 예외는 아니다. 자녀의 교육을 위해 아내와 자식은 타국에 떠나보내고 돈 버는 기계로 전락한 기러기 아빠들이 많다. 부모의 능력에 따라 가는 나라와 지역의 등급이 매겨지기도 한다. 유명 연예인들도 그러고, 돈 좀 번다하면 모두들 유행처럼 자식들을 해외로 보낸다. 자식의 교육을 위해서라면 기꺼이 받아들여야 한다는 분위기다. 부모로서의 힘겨움은 신이 내린 감당할 수 있는 고통인 듯 감내한다. 허나, 가정이 무너지고 있다.

끔찍한 총기사건에 온 국민이 자책감에 빠져있는 사이에 미국 뉴저지주의 교육위원 선거에서 2명의 한인후보가 당선됐다. 이젠, 우리도 바뀌어야 한다. 세계는 이미 울타리 없는 이웃이 되어 가고 있다. 더 이상 '피'를 강조한 단일화를 내세우다가는 세계적인 왕따를 면할 수 없을 것이다.

나와 다른 모습으로 산다고 해서 비난하거나 차가운 눈길을 보낼 이유가 없다. 사람이 다양하듯 사는 모습도 다양한 것이다. 나와 같지 않으면 비난하는 옹졸한 의식에서 벗어나야 한다. 자식이 없으면 어떻고, 아들이 없으면 어떻고, 내가 낳은 자식이 아니면 어떠리. 가족이란 '피'보다는 사랑과 이해가 필요한 것을 …….

밥상

'가정식 백반' 이란 글씨가 큼직한 식당 문을 열고 들어갔다. 간단하게 점심을 먹기에 적당한 메뉴 같았다. '적당한' 에는 음식이 나오는 시간, 먹을 시간 그리고 가격까지 포함된 것이다. 주문하자 곧 한식 밑반찬 여섯 가지가 놓여졌다. 밥과 된장 뚝배기를 마지막으로 가정식 백반 식단은 완성되었다. 특별히 기대하고 들어간 음식점이 아니기에 나온 음식에는 신경 쓰지 않았다. 마주앉은 이와 이야기하며 가운데 접시의 반찬을 집어 입에 넣었다. 그 순간, 가슴이 뛰었다. 그것은 잊고 있었던 엄마의 맛이었고 고향의 맛이었다. 감자를 어슷썰기-마치 장작처럼- 하여 밀가루에 버무려 밥 위에 살짝 쪄낸 뒤 간장과 참기름으로 양념한 반찬이다. 그것을 무엇이라 부르는지 모르겠다. 사전에도 없는 그 반찬을 우리는 '감자찜' 이라 했다.

감자를 캐고 나면 한동안 감자 반찬이 주류였다. 껍질을 깎아서 삶아 먹고, 전으로 부쳐 먹고, 식용유 둘러 볶아 먹기도 했다. 여러 가지 조리법 중에서 나는 단연코 밀가루에 버무려 찐 감자 반찬을 좋아했다. 이것은 다른 반찬보다 손이 더 가기에 엄마는 가끔씩 해 주셨다. 짭조름한 장맛과 고소한 참기름이 입안을 잔뜩 흥분시켜놓으면 팍신한 감자의 분이 사르르 퍼지는 그 맛은 황홀했다. 행복한 유년의 맛이었다.

나는 특별한 날이나 외식을 할 때 일식, 중국식, 패밀리 레스토랑 등 고급 음식점을 찾는다. 다소 비싼 외식비를 지출하며 그날만큼은 고품격 삶을 누리고 싶고, 그런 착각에 빠지기도 한다. 집에서 먹는 밥상을 굳이 돈 내고 먹자니 왠지 손해 보는 것 같기도 하고, 서민적 식단을 고집하고 싶지 않은 어줍잖은 허영심이 보태지기도 했다. 오늘, 식당 아줌마의 정갈한 손맛에서 엄마의 장맛을 기억한 내 미각은 되살아났고, 그 속에서 내 또래의 엄마를 만나는 행복을 누렸다. 어려서는 그리 지겹던 그 맛이 수십 년이 지난 후 이토록 절실할 줄이야. 알 수 없는 것이 사람의 마음인 것 같다. 지나고 나면 모든 것이 가슴 절절한 그리움이 되나보다. 되돌릴 수 없는 시간에 대한 아쉬움이요. 아련한 유년에 대한 애수는 아닐는지. 인스턴트와 화학조미료에 길들여진 미각이 모처럼 고향을 간 듯 밥상의 의미를 다시 생각하는 시간이었다. 내 행복한 상상은 때때로 작은 철학이 되어 글로 기록되기도 한다.

함께 밥을 먹으면 빨리 친해진다고 한다. 내 경험으로도 그랬다. 어색한 사람과의 첫 식사는 밥맛을 느끼지 못하는 경우가 많다. 그러나 함께 밥을 먹는 횟수가 늘어날수록 친해진다. 어느 정도 친분이 쌓이면 밥 먹는 일은 편안한 즐거움이 된다. 음식은 편안한 사람과 먹어야 즐겁다. 아니 자꾸 먹다 보면 편안해지고 즐거워진다. 그러나 세상사 뜻대로 되지 않기에 때론 싫은 사람과도 먹어야 하고, 어려운 사람과도 먹어야 할 때가 있다. 그럴 때는 가까이 있는 반찬으로 적게 먹는 것이 최선의 방법이다. 불편하게 먹는 음식은 언제나 탈이 나기 마련이다. 속이라도 편안해야 한다는 생각에 이르기까지는 여러 번의 시행착오가 있었다. 속이 편안한 점심을 먹고 마시는 커피는 끊임없이 빠져들게 하는 생각의 늪이다.

밥상은 삶의 낙(樂)이다. 주변에 기쁜 일이 있으면 '맛있는 밥 사'라고 하지 않는가? 나에게 축하할 일이 있어도 당연히 밥을 사게 된다. 생명을 이어주는 음식을 함께 먹는다는 것은 중요하다. 김치찌개 하나에 부산한 숟가락들, 순서 없이 툭툭 튀어나오는 정감 어린 수다들, 행복한 밥상이다. 한 솥 밥을 먹는다는 말처럼 함께 밥을 먹는다는 것은 아주 특별함을 의미한다. 가족이 특별한 것도 한 솥 밥을 먹기 때문이 아닐까. 밥 짓는 어머니의 정성이 고스란히 녹아있는 밥상. 추억의 밥상은 과거로의 여행이다. 비오는 여름오후, 짧은 다리의 둥근 나무식탁에 둘러앉아 옹기종기 먹던 수제비. 간간히 건져지는 감자의 고소함은 결코 놓치고 싶지 않은 맛이다. 멸치를 우려낸 국물의 비릿한 내음은 빗물의 비릿함과 어우러져 바다를 모르는 농촌 저녁 냄새로 인식되었다.

밥상은 혈관이다. 정(情)을 이어주는 따뜻한 끈이다. 눈빛 마주보며 맛난 음식 먹다 보면 어느새 정(情)이 든다. 강직한 대나무마냥 빳빳한 젓가락. 상 위에 놓인 반찬을 집어 먹으며 서로 부딪친다. 내가 먹은 반찬을 곁에 앉은 이가 집어 먹는다. 그 속에 따뜻한 정이 흐른다. 무뚝뚝하여 감정조차 비치지 않을 것 같은 젓가락은 밥상을 마주한 이들을 이어주는 핏줄이다. 밥을 짓고 반찬을 만드는 이의 사랑이 보태어진다면 밥상은, 인간의 삶을 지탱하는 힘이다. 함께 밥을 먹는 것은 혈관 속에 끈끈한 피를 돌게 하는 펌프질이며 심장 박동이다.

밥상은 길이다. 그것도 대로(大路)다. 밥상은 사람과의 소통을 의미한다. 밥 먹으며 두런두런 이야기 나누다 보면 같은 길 위에 서 있음을 느끼게 된다. 채워지는 포만감만큼 비워지는 이기심을 느끼며 다소 의견의 차이가 있더라도 밥상 앞에서는 허물허물 묻어가기 마련이다. 어른과의 식사는 조심스럽지만, 미처 깨닫지 못한 삶의 항해에 등대가 된다. 지혜로운 사람과의 식사는 지혜로움을, 성공한 사람과의 식사는 성공을 배우게 된다. 그런 이들과 밥을 먹는다는 것은 해답 없는 삶을 배우는 교과서는 아닐까. '투자의 귀재' 이자 세계 두 번째 부자인 워런 버핏과 점심을 함께 하려고 62만100달러(5억 7000여만원)를 경매로 따 낸 사람이 있다. 중국에서 자수성가한 사업가라 한다. 그는 왜 이런 비싼 점심값을 지불하면서도 그와 함께 밥을 먹고 싶었을까. 거액을 투자해서라도 만나고 싶었던 워런 버핏. 그와 함께 하는 식사는 새 길을 열어 줄 수 있을지도 모른다. 내 소박한 밥상이 어쩌다 화려한 외도를 한들 소박한 삶조차 바뀔 수 있으랴마는, 가끔씩은 꿈꾼다. 나도 워런 버핏과의 점심을…….

죽음을 다른 말로 '밥숟가락 놓다' 고 할 정도로 먹는 것은 삶과 밀착되어 있다. 태초에는 생명을 이어가는 젖줄이었고, 지금도 그렇다. 수렵 사회에서 농경 사회로 넘어오면서 잉여생산물은 부의 과시가 되었다. 단순히 생명을 유지하는 먹거리가 아니라, 무엇을 어떻게 먹느냐를 따지게 되면서 고장마다, 나라마다 고유의 음식이 생겼다. 조선 500년 동안 사대부들이 누린 의식주의 품격은 세계최고 수준이다. 일식, 지중해식에 뒤지지 않을 우리의 음식문화다. 지천에

나는 구황식물로 차린 서민의 밥상은 최고의 웰빙 밥상이다. 이 역시 우리의 문화다. 푸성귀 한 접시의 밥상도, 산해진미의 밥상도 조상의 숨결이며 역사이다. 밥상이 존재하는 한, 우리의 삶은 계속 될 것이다. 소박한 삶에는 소박한 밥상이, 화려한 삶에는 화려한 밥상이 차려지겠지만, 그 속에는 그 시대를 살아낸 이들의 정서가 녹아 있다. 대다수 서민들이 먹었고 지금도 먹고 있는 '가정식 백반' 이 고품격이 될 자격은 없는 걸까.

꽃과 흙

세계적인 브랜드 빵을 맛보기 위해 줄을 섰다. 내가 사는 동네에도 생긴 것이다. 문을 열자 입소문으로 손님은 끊이질 않았다. 고급스러운 실내장식과 브랜드가 주는 가치로 웬만한 밥값에 달하는 차와 빵을 스스럼없이 주문하는 모습들이 자연스럽다. 집으로 가는 길에 건물 코너에 있는 아이스크림 가게에 들러 포장을 했다. 수십 종류가 넘는 이름을 몰라 딸에게 물어서 사야 할 정도다. 분홍빛 가게 안에서는 '난 너무 예뻐~ 난 너무 매력 있어, 난 너무 멋져~' 라며 올 여름 열풍을 일으킨 'so hot' 이란 노래가 흘렀다. 아이스크림 몇 스푼에 만 원짜리 지폐가 나갔다. 소비를 부추기는 문명의 일상에 젖어 나도 그 맛에 길들여지고 그 분위기를 즐기지만, 모든 도시가 똑같아진다는 식상함은 지울 수 없다.

전국 어디를 가도 똑같은 대형마트, 빵집, 패스트 푸드 점, 커피 전문점, 메이커 매장들을 볼 수 있다. 신도시 개발로 아파트 단지가 들어서면 약속이나 한 듯 줄줄이 들어선다. 경제나 상권에 무지한 나도 건물이 들어서면 '저 코너는 무슨 빵집', '저 코너는 무슨 편의점' 하며 미리 짐작을 한다. 그러면 몇 개월 후 어김없이 그 매장이 문을 여는 것을 경험했다. 사람도 도시도 획일화 되어간다고 개탄해 하면서도 그 가게에 들러 빵을 사고, 그 마트에 들러 장을 본다. 선택의 여지가 없는 것도 무시할 수 없지만……. 자신의 이름을 단 간판들이 내려지고 세계적인 브랜드가 들어서는 것을 보면 안타까울 뿐이다. 우리 고유의 손맛을 내는 우리 것은 허름한 뒷골목에서나 만날 수 있을 것 같은 불안이 마음까지 흔들어 놓았다.

자본주의 국가에서 자본의 논리에 따라 이익이 남는 곳에 가게가 생기는 것은 어쩌지 못한다. 유명 브랜드가 전 세계에 지점을 내고, 전문 경영인의 노하우로 도시 어디서든 그 맛을 그 패션을 만날 수 있다. 하지만, 우리만의 빛깔을 잃어가는 도시의 모습에서 올더스 헉슬리의 '멋진 신세계'를 떠올린다. '공동, 균등, 안정'을 이야기하는 작품 속 이상향은 개인적 사고나 행동을 인정하지 않는다. 역사를 부정하고, 가정을 부정하며, 소마가 지급되는 '멋진 신세계'는 유토피아를 이야기 하고 있으나 디스토피아임을 알게 된다. 그 모습을 닮아가는 도시에 서서 한없이 허전함을 느낀다. 건물에서 뽑어져 나온 더운 열기는 도로를 달구어 이글거리게 하고 그 위에 선 내가 뜨겁다. 발이 데일 것 같다. 사각사각 발자국 소리 정겨운 흙길을 거닐고 싶었다.

그 그리움에 이끌려 고향을 갔다. 고향집 헛간 처마에 말벌이 집을 지었다. 흙으로 빚은 말벌의 집은 '진품명품' 에 나가도 될 정도로 정교하고 섬세하다. 도자기 하나 뒤집어놓은 듯 거꾸로 매달린 말벌의 집에 인간이 감탄을 한다. 진흙과 지푸라기를 섞어 쌓은 벽은 당진 어느 가마터에서 혼을 담아 도자기를 빚고 구워 낸 장인정신을 느끼게 했다. 감히 거둬 낼 생각을 하지 못하고 눈길만 줄 뿐이다. 밤꽃 구수한 유월에 꿀 모으기에도 벅찼을법한데 세상에 하나뿐인 자신의 걸작품을 만드느라 또 얼마나 힘들었을까. 진귀한 보물보듯 말벌의 집 앞에서 발을 떼지 못했다. 획일화된 도시의 삶에서 벗어나자 자연이 빚은 풍경들이 모두 명품처럼 보였다. 수 백 년 한결같이 그 자리 지켜온 앞동산의 소나무가 그리 장할 수 없었다. 눈 닿는 풍경 하나하나 감동이란 이름으로 내 발길을 멈추게 하고, 마음까지 평온하게 했다. 나는 도시에서 방전된 에너지를 자연에서 충전하고, 다시 도시를 살아갈 힘을 채우나 보다.

오늘날, 우리들이 겪는 공허함은 어디서 오는 걸까? 물질적 빈곤에서 오는 것이 아니라 오히려 넘쳐나는 물질에서 생겨나는 것은 아닐까. 모든 것을 한곳에서 만족할 수 있을 정도로 편리해진 도시문화로 안락한 삶을 누리지만 왜 우리는 더욱 단절되고 더욱 공허해지며 불안해지는가? 사람들 사이에 흐르는 정(情)이 사라졌기 때문이 아닐까. 인간관계가 단지 물질에 의한 관계로 치부되고 그렇게 지속되어가는 현실에서 우리는 더욱 왜소해질 수밖에 없다. 그 왜소함을 가리기 위해 물질에 의존하고 결국에는 물질에 의해 매장되는 반복의 연속이다. 감동이 되살아나야 한다. 삶의 일각(一角)마다 감동이 있고, 만나는 관계 속에 감동이 흘러야 한다. 내 울타리는 나만의 손때가 켜켜이 쌓이고, 나만의 향기가 풍겨야 하지 않을까. 획일화 된 일상을 거부하고 나만의 랜드마크를 고집한다고 거꾸로 사는 것은 아닐 것이다.

바비 인형처럼 예쁜 가수들의 당찬 노랫말이 거리를 가득 채운 도시에 다시 선 나는, 잠시 주눅 들었다. 자신의 특기를 맘껏 드러내는 당당함에 내 주변머리 없음이 초라했던 것이리라. 꽃처럼 피어난 그네들의 눈부심에 감탄을 한다. 부럽다. 그러나 내가 꽃이고 싶지만, 꽃이 아니라고 불행한 것은 아니다. 흙이어도 좋다. 누가 감탄하지 않아도, 무심코 밟고 가도 좋다. 흙이니까. 꽃이 아름다운 것은 무채색의 바탕이 깔려 있기에 가능하다. 흙의 눈부신 사랑이다. 지금 활짝 핀 꽃은 겸손을 미덕으로 교육받은 세대가 키워 낸 결실이다. 그 꽃들이 더 오래, 활짝 피워 튼실한 열매 맺기를 바라며 긴 시간 인내한 흙의 바램이기도 하다. 새까만 시멘트 바닥에 덮인 흙은 마른기침 참아내며 또 기다린다. 고약 같은 바닥을 걷어내고 그 위에 우리만이 할 수 있는 무엇인가를 할 것을. 수많은 민족들도 감탄하는 무엇인가를. 그것이 청국장 아이스크림이든, 초가집 손칼국수든 상관없다. 누구도 흉내 낼 수 없는 우리가 만든 명품으로.

농사내(?)

자고 일어나니 더 아프다. 왼쪽 팔은 욱신거리고 손가락은 마디 하나가 더 생긴 것처럼 무디게 느껴진다. 일요일 한나절 밭에 가서 김매고 나무에 비료를 주었다. 푹 자고 나면 툭 털고 일상으로 돌아가고 싶은 것은 마음뿐, 몸은 이리도 호들갑을 떤다. 나는 농부의 딸이고 언제든지 마음만 먹으면 농사를 지을 수 있다고 생각했다. 도시생활 25년이 나의 몸을 나약하게 했나보다. 의식은 아직도 농부의 딸인데 말이다. 그 흔한 꽃놀이 한번 맘 놓고 즐겨 본 적이 없다. 봄이면 꽃놀이 가는 관광차가 즐비했지만 나와는 거리가 먼 일이었다. 지천에 꽃이 피고 생명의 탄생에 경외를 느낄 때 시골은 모내기 준비에 눈코 뜰 새 없이 바쁘다. 제대로 허리 펴지도 못하고 들에서 일하시는 부모님의 모습이 아른거려 꽃놀이 가는 것이 죄스럽게 느껴질 뿐이다.

시골의 봄은 참으로 고되다. 일손 하나라도 절실했던 부모님은 어린 자식들을 들에 불러내셨다. 해가 뉘엿뉘엿 저물고 배는 고픈데 엄마는 못자리에서 일어서질 않으셨다. 굴뚝에 연기 나는 집을 헤아리며 빨리 들어가자고 보채도 하시던 일을 마무리 지어야 허리를 폈다. 흙 묻은 신발을 끌고 집으로 가는 걸음은 무겁기만 했고, 동굴처럼 컴컴한 집에 불 켜고 그제서야 저녁을 지어야 할 때면 까닭 모를 서글픔에 잠기곤 했다.

가만있어도 땀이 줄줄 흐르는 여름 햇살 아래서 고추를 따는 것도 쉽지 않다. 비 오듯 솟아나는 땀은 목에 걸친 수건을 젖게 한다. 붉게 물든 고추밭을 보고 "왜 이렇게 많이 익었노." 하며 잘 된 고추 농사를 원망하던 어린아이였다. 나무 그늘에서 들 리는 매미의 화음은 나를 놀리는 야유소리처럼 느껴지는 때가 그때다. 어린 나이에 노동의 힘겨움을 알아버렸기 때문일까. 내게 농촌은, 전원생활의 낭만과는 거리가 먼 치열한 삶의 현장일 뿐이다. 지금도 해가 지면 집에 불을 훤히 켜는 습관이 있다. 아마도 그때 을씨년스러운 느낌이 지금의 내 행동에 영향을 미친것이리라.

농사에 골몰한 엄마는 자식들은 당신처럼 살지 않기를 바라며 도시로 보내 공부시키셨다. 엄마의 뜻대로 나는 도시에서 산다. 겨울에는 난방이 잘 되는 실내에서, 여름에는 에어컨 아래서 펜을 도구

삼아 일을 한다. 출, 퇴근 시간도 없고 공휴일도 없는 농사일과는 달리 도시의 일은 정해진 시간에 끝나고 휴일에는 쉴 수가 있다. 지금도 봄이 되면 들녘에 허리 굽혀 일하는 이름 모를 아낙을 보면 가슴이 짠해온다. 명치끝이 아리며 그 모습이 내 엄마인 것 같아 제대로 바라볼 수가 없다. 다시 봄이 와도 나는 꽃놀이를 갈 수 없을 것이다. 차라리 엄마의 땀방울로 물줄기 이어온 고향 뜰에서 냉이를 캐는 것이 더 행복할지도 모른다. 적어도 엄마가 살아계시는 동안은…….

우리는 다양한 편견을 가지고 산다. 그 사람의 환경이나 교육에 의해 고정관념을 가지기도 하고 그것이 집단으로 나타나 우상화되기도 한다. 나 역시 그런 편견에 사로잡혀 나도 모르는 잘못을 범하고 살 것이다. 모순을 깨닫지 못하고 진실인양 우기며 어리석은 현자인척 하기도 할 것이다. 그렇다 해도 나의 논리로 용납할 수 없는 것이 있다. "시골 가서 농사나 짓지." 하는 말이다. 사업에 실패한 화이트칼라가 최악의 상황을 농사에 두고 하는 말이다. 농사는 도시생활의 낙오자들이 대안으로 생각하는 마지노선이 아니다. 현실도피하듯 차선의 삶으로 농사를 이야기 할 때 나는 화가 난다.

농사나? 농사를 지어보지 않은 이가 어찌 그런 말을 할 수 있는지 묻고 싶다. 흙을 파고 그 속에 씨를 뿌리고 거두며 사는 일을 천직으로 여기며 살아온 농부! 법 없이도 살 수 있을 만치 순박한 사람들이다. 허리가 굽고 다리의 연골이 닳도록 일을 했건만 삶은 언제나 가난하다. 그렇다고 그 가난을 털어내기 위해 타인에게 해를 끼치지도 않는다. 단지 더 열심히 땅을 일구고 자신의 노동을 더 할 뿐이다. 그런 모습은 마치 구도자의 수행을 떠오르게 한다. 땅만 바라보고 땀방울 쏟아 붓는 농부는 면벽하는 수도승과 무엇이 다를까. 땅의 마음을 읽고 땅의 마음을 닮은 농부의 삶이다. 일한 만큼 대가를 받고 노동 가치를 따지며 산 화이트칼라가 과연 농사나(?) 지을 수 있을지 의문이 든다.

지금 농촌은 힘들다. 자유무역(FTA)의 난제가 농촌으로 쏠리고 있기 때문이다. 소고기 수입이 전면 개방되면서 또 다시 농민들에게 아픔이 가중됐다. 축산을 전업으로 하던 전남 지방의 농부가 음독 자살했다고 하니 그 아픔이 짐작 간다. 쌀농사와 고추농사를 겸하며 소 여섯 마리를 키우시는 엄마가 유일하게 목돈을 만질 수 있는 날이 소를 팔 때이다. 그런데 이번에 시골 갔더니 송아지 한 마리에 80만원이 내려갔다며 한숨을 쉬셨다. 땅을 보고 묵힐 수 없고, 일을 보고 놀 수 없다는 천상 농부인 엄마는 별 이득이 없는 농사를 그래도 짓는다. 내려가는 소 값이지만 그래도 소를 먹인다. 마치 숙명처럼 봄에는 씨를 뿌리고 여름에는 김매고 가을이면 추수할 것이다. 운명인양 받아들이고 가난과 고된 노동을 끌어안고 긴 시름 벗 삼아 지낼 것이다.

농사는 아무나 지을 수 있는 것이 아니다. 땅처럼 넉넉한 포용력을 가져야하고 하늘처럼 빛나는 영혼을 가져야 한다. 땀 흘려 일군 일 년 농사를 며칠의 비, 바람에 잃어도 다시 일어설 수 있는 강인함을 가진 자만이 지을 수 있다. 특히 대한민국에서의 농사는 더 그러하다. 수없이 밟혀 죽은듯해도 다시 피어나는 질경이처럼 농부는 강한 생명력을 가져야 한다. 과학이 낳은 문명이 파괴되어도 자급자족이 가능한 농부는 선사시대부터 이어온 진정한 장인이며, 21세기의 만능 엔터테이먼트다. 꽉 잠긴 엄마의 목소리는 아직도 불편함이 묻어있다. 걱정할까 봐 '괜찮타' 하시지만 괜찮지 않음을 나는 안다. 희망 잃은 삶이 내일 없는 하루살이와 무엇이 다를까.

어찌 견딜까 싶지만 봄이면 다시 들에 나가 생명을 잉태시키고 키우는 땅의 어머니다운 강건함으로 농부의 새날은 밝을 것이다. 싹틔우고 결실 거두는 농사의 재미는 정부가 안겨주는 시름을 잊게 할 것이다. 그래서 산다한다. 그래도 땅이 보배라 한다. 때로는 흙이 사람보다 더 위안이 되나보다. 때로는 키우는 가축이 자식보다 더 힘이 되나보다. 때로는 길가에 흐드러지게 핀 들꽃이 사람보다 더 따뜻한가보다. 농사가 진정 값어치 있는 직업으로 인정받고 노동의 신성함이 존중 받는 날을 기다려 본다. 농사꾼이 농업인으로 거듭날 수 있는 그날을 믿는다. 농사는 마지막까지 지켜야 할 우리의 미래다. 그런데 자꾸만 걱정이 된다. 엄마의 한숨소리가 깊어질 것 같으니 말이다. 엄마의 시름소리 내 가슴에 포개어져 긴 한숨 내뿜는다.

또 다른 세상

조폭 중간보스쯤 됨직한 남자 둘이서 깎듯이 고개 숙인다. 무전기를 이용해 뭐라 말하는 것 같더니 말쑥한 차림의 남자가 길을 안내했다. 계단을 밟고 ㄷ자형 복도를 지나자 지하로 내려가는 에스컬레이트가 나왔다. 지하 2층쯤 될까. 내리자마자 다섯 명의 젊은 남자들이 우렁찬 목소리로 맞이했다. 그 순간, 보디가드 캐빈 코스트너의 보호를 받는 휘트니 휴스톤이 된 것 같이 우쭐해졌다. 이윽고 눈이 찢어지고 키가 작은 남자가 우리 일행을 담당했다. 갑자기 어두워진 실내에 적응 못하는 내게 자신의 팔을 내주는 친절함도 잊지 않았다. 요란한 음악 소리와 현란한 조명은 정신을 잃게 했다. 지정해 준 자리에 가 앉았다. 커다란 가방을 부여안고 있는 내게 가방을 맡기라 했다. 돈이 있다는 말에 어이없이 웃는 그 남자의 명찰에는 '늑대' 라고 적혀 있었다.

십년은 되었을 것이다. 나이트클럽에 가본지가. 학교 다닐 때는 과 단합대회가 있으면 단체로 가서 신나게 놀았고, 졸업 후에는 결혼하는 친구의 댕기풀이 때 가곤 했었다. 그리고는 잊고 살았다. 두 아이 낳아 기르며 일하는 생활에 젖어 그런 세상이 존재한다는 것조차 의식 않고 살았다. 비슷한 또래를 키우는 친구들 입장도 크게 다르지 않았다. 시간이 흘러 애들이 자라니 홀로 모임에 갈 수 있게 되었고 자연스럽게 모임장소가 달라지기 시작했다. 분위기 좋은 찻집, 맥주 집, 레스 카페를 다니며 새로움을 찾고자 했다. 연말모임 때 클럽에 간 친구가 그곳에서 겪은 일들을 이야기했다. 이번 모임은 달라진 나이트 풍경에 강한 호기심을 보이는 나를 위해 친구가 마련한 자리였다.

그곳은 나이가 계급장처럼 느껴지게 하는 곳이었다. 서른, 많지도 적지도 않은 나이다. 서른 살 미만은 정중히 거절한다는 공지사항에는 묘한 불륜의 분위기가 감돌았다. 시시각각 변하는 무대와 젊은 DJ의 화려한 몸짓과 말초신경을 자극하는 말, 어두운 실내와 사고를 마비시킬 듯한 커다란 음악에 반은 정신이 빠져나가는 것 같았다. 나름대로 멋을 낸 여자와 남자들이 음악에 맞춰 몸을 흔들어대고 그 몸짓은 관능의 분위기가 물씬 풍겼다. 입가에 미소를 머금고 흔드는 몸짓은, 먹이를 찾는 하이에나처럼 시선을 이리저리 움직였다. 대상이 포착되면 거침없이 들이대고 거절당하면 또 다른 이에게. 쾌락을 위한 인간의 본능을 그곳에서 느꼈다면 지나칠까? 스타워즈의 탄생을 떠오르게 하는 웅장한 무대가 펼쳐지고 다섯 명의 밴드가 등장했다. 즐겨 들었던 음악을 열정적으로 부르는 그들은 기성가수에 뒤지지 않는 실력과 무대 매너를 선보였다. 콘서트 장을 방불케 했다. 신나는 댄스 타임이 끝나고 모두가 자리로 들어가 앉았다. 조명과 음악이 바뀌더니 이윽고…….

무대에는 한 남자만이 서 있었다. 신화 속 인물을 재현한 것 같은 옷차림과 배경은, 방금 전 광란의 시간을 잊게 했다. 침 삼키는 소리가 들릴 듯 조용했다. 음악에 맞춰 춤을 추니 외투가 벗어지고 근육질의 몸이 드러났다. 남자의 춤은 박진감 넘쳤다. DJ의 외설적인 참견이 없었다면 어느 무용가의 발표회 같았다. 시간이 흐르면서 남자의 몸에는 팬티 한 장 만이 남았다. 허물 벗듯이 몇 겹을 벗더니 알몸이 되었다. 얇은 천으로 중요 부분을 가린 그는 선악과를 따먹고 처음 부끄러움을 느끼는 아담 같았다. 무대 아래서 환호성이 흘러나오고 남자는 관객들에게로 다가왔다. 한 여자 앞에서 에로틱한 포즈의 춤이 연출되고 급기야는 아슬아슬한 천을 들어 그 속에 숨겨둔 것을 보여주었다. 당사자는 비명에 가까운 고함을 지르고 또 다른 곳에서는 야릇한 웃음이 넘쳤다.

세상이 변했다. 쇼걸의 자극적인 몸동작과 스트립쇼로 관객을 모았던 클럽이지 않던가. 여성을 상품화 한다고 여성단체에서 성명을 내지 않았던가. 그런데 이제는 남자의 몸과 성이 상품화 되고 있다. 여자들 앞에서 역삼각형의 몸을 드러내고 기름칠한 근육을 선보이고 있다. 철통같은 유교의 잔재가 남아있는 이 사회에서 상상조차 했을까. 여자가 남자의 몸을 감상할 것이라고……. 단발령에 '내 머리는 자를지언정 머리카락은 자를 수 없다.' 고 했던 유학자 최익현이 이 상황을 알게 된다면 어떤 반응을 보일까. 사회가 혼란스럽고 경제가 어려울수록 인간의 사고는 무뎌진다고 한다. 왠만한 자극에는 동요조차 않는다는 것이다. 그래서 점점 더 자극적인 무언가를 요구하게 되는 것이 아닐까.

자신의 감정조차 인정되지 않았던 시대를 살았던 할머니들은 귀 막고, 입 다물고, 눈 감고 살면서 가슴이 시꺼멓게 타들어갔을 것이다. 그 희생 속에서 자란 딸들은 사회적 지위는 미약하지만 가정에서 경제권을 거머쥐고 '내무부 장관' 이란 별칭까지 얻으며 교육열을 불태웠다. 그 어머니의 열정으로 자란 딸들은 당당히 돈을 내고 클럽에 앉아 하늘같았던 남자의 성을 즐기고 있다. 단지 여자라는 이름으로 박해 받았던 시대에 대한 반발이랄까. 남자라는 이유로 혜택과 권위를 누린 시대에 대한 복수랄까. 클럽에는 대부분이 여자였다. 거스를 수 없는 변화의 급물살은 우리의 생각을 바꾸어 놓고, 삶의 형태도 바꾸어 놓는다. "여자는 내가 없어야 한다." 고 입버릇처럼 말씀하시던 엄마는 여자의 희생을 강조하셨다. 그런데 지금은 "여자도 힘이 있어야 한다." 며 능력을 중시하는 할머니로 변하셨다. 며느리든 딸이든 배우고, 힘껏 돈을 벌어 경제적 능력을 키우라 하신다. 엄마의 변화를 보며 세상에는 '절대' 란 있을 수 없음을 다시금 느끼게 된다.

변화는 클럽에서 그치지 않는다. 여성의 전유물 같았던 가사 도우미도 남자의 비율이 높아지고 있다. 여자에 비해 힘이 좋은 남자들이라 쇼파나 가구를 번쩍 들어서 청소를 하니 반응이 좋다는 것이다. 반면에 각종 국가고시나 학교에서의 석차1위, 학생회장등 여자의 비율이 해마다 높아지고 있다. 영부인은 조신해야 한다는 고정관념을 깬 크리스티나 페르난데스는 전직 모델답게 화려한 의상을 선보이며 주목받았다. 그리고 남편에 이어 아르헨티나의 대통령으로 당선되었다. 머지않은 우리의 현실은 아닐까. 성역 같았던 남자의 역할에 여자들의 도전장이 만만치 않다. 가정에서 평등한 교육을 받은 딸들이 사회에서도 성공하고 있다. 경제적 여유를 가진 여자들이 소비의 주체가 되면서 새로운 변화를 창출한다. 타인의 시선보다는 자신의 개성과 감정에 충실한 여자들의 당돌함에 세상은 변하고 있다. 쇼하는 남자, 그 쇼를 즐기는 여자.

'젊은 남자가 꼭 저렇게 돈을 벌어야 할까.' 라며 마음속으로 그를 안쓰럽게 여긴 나는, 마음껏 놀지 못했다. 그러나 그런 나의 생각 자체가 오만은 아닐까. 직업에 대한 고정관념을 깨지 못하고 스스로 틀에 얽매여 더 이상 나아가지 못하는 나의 한계를 확인하고 내게 실망했다. 자신이 선택한 공간, 자신이 가지는 시간을 제대로 누리지 못한다면 그 시간과 공간은 후회로 남을 것이다. 가고 싶어서 간 나이트에서 신나게 놀지 못하고 잡생각만 한 나는 어리석은 것이다. 그 남자도 자신의 일에 비애를 느끼는 관객보다는 지폐 한 장 꽂아주며 즐기는 관객을 원할지도 모른다. 다시, 내게 그곳에 갈 기회가 주어진다면 나는 준비할 것이다. 만원 지폐 한 장을……. 그리고 낯선 향기에 취하여 '늑대' 의 유혹을 즐겨보리라.

비밀과 거짓말

"어디 가세요?"

또 · 또…… 뱉어놓고 나서 입을 막는다. 나는 입버릇처럼 이 말을 자주한다. 같은 아파트에 사는 그럭저럭 안면만 있는 사람을 만나도, 엘레베이터 안에서 누군가 만나도 이 말을 한다. 그러면 상대는 상황에 따라 대답이 달라진다. '시장가요.' 라고 말하는 이도 있지만, 멋쩍어 얼버무리다 1층에 닿아 황급히 내리는 이도 있다. 내 취향이 특이해서 남의 사생활을 파고자하는 것은 절대 아니다. 단지 오래된 습관일 뿐이다. 나름대로는 더 가깝다는 친근함의 표시이기도 하다.

며칠 전이다. 술 한 잔 하자는 친구의 전화에 신이 났다. 9시 30분, 저녁 챙겨주고 들뜬 마음으로 엘레베이터를 탔다. 친구들 만나 늦은 밤까지 수다 떨 생각에 발보다 마음이 더 서둘렀다. "어디가세요?"

먼저 타고 있던 아저씨의 질문에 나는 당황했다. '장보러 간다.' 하려니 거짓말이고 '친구 만나러 간다.' 고 하려니 왠지 정숙하지 않은 인상을 줄 것 같았다. 그러면서 '저 아저씨 이상하네. 남이야 어디를 가든?' 하며 그의 인격까지 의심하며 난처해하던 나는, 그 말이 누굴 만나면 나도 모르게 튀어 나오던 나의 말임을 알고서는 둔기로 뒷통수를 맞은 듯 얼얼했다.

"어디 가세요?"

말하고 싶지 않은데 누군가 묻는다면 참 난감하다. 그렇다고 거짓말을 하고 싶지 않을 때는 더 그러하다. 내 친근함의 표시가 타인에게 불쾌감을 주었을 것이라는 생각. 그 잘못을 깨닫지 못하고 무수히 내뱉은 나의 무지함을 느끼자 당황했을 그네들에 대한 미안함이 마음을 무겁게 했다. 이런저런 반성들이 밀물처럼 밀려와 바닥으로 가라앉았다.

숨기어 남에게 드러내거나 알리지 않는 '비밀' 과 사실이 아닌 것을 사실인 것처럼 꾸며대는 '거짓말' 모순인 두 단어에서 묘한 동질감을 느낀다. 친구들과의 만남도 그렇다. 더 가까운 친구 몇이서 만날 때는 굳이 다른 친구에게 말하지 않는다. '비밀' 이 되는 것이다. 그러다 공식적인 만남에서 보면 오랜만인 것처럼 너스레를 떤다. 거짓이다. 이렇듯 하루에도 몇 번씩 야누스 같은 두 얼굴로 오늘을 살아간다.

누가 내게 감명 깊게 읽은 책이 뭐냐고 물으면 나는 '어린왕자' 나 '데미안' 을 이야기 한다. 내면의 성장에 지침 같은 책이다. 하지만 전율을 느끼며 본 또 다른 책은 '메디슨 카운티의 다리' 다. 스물 다섯에 누군가의 아내가 된 난, 그 책을 비밀스럽게 읽었다. 마치 나의 이야기인양 들키고 싶지 않은 마음에 혼자 있을 때만 읽었다. 여주인공 프란체스카의 사랑에 감동하고, 가정을 지킨 그녀의 선택에 무언의 동조를 보냈다. 그러면서도 평생을 간직할 수밖에 없었던 그녀의 비밀이 부럽기도 했다. 결혼했다고 해서, 나이가 들었다고 해서, 목석(木石)은 아니지 않은가. 가슴 뜨거워지는 상대를 만나 화산처럼 터지는 사랑 한번 꿈꾸지 않은 이가 있을까.

누구에게나 비밀은 있다. 말하지 않으므로 비밀은 더욱 비밀다워진다. 학창시절 그 많았던 비밀이 다 어디로 간 것인지, 아직도 비밀인지 묻는다. 기억나지 않는 비밀도 있고, 지금은모임의 단골안주가 되버린 비밀도 있다. 세월 지나 웃어넘길 일일지라도 근사한 비밀하나 간직하고 싶다. 비밀을 간직해 본 이는 알 것이다. 그 두근거림을. 비밀은 현실의 또 다른 에너지가 된다는 것을, 굳이 '그날' '어디서' '뭘 했냐?' 고 묻는다면 밉지 않을 거짓말이라도 하며 비밀과 해후할 날을 기다리고 싶다. 그 비밀이 거창하든 소소하든 상관없다. 너와 나. 우리 둘만이 가졌던 일을, 우리 둘만이 안다는 사실이 우리를 더욱 그립게 하듯이. 그렇게 비밀 하나쯤 간직하고 싶다. 비밀은 그 특별함만으로도 당분간 화창할 것이다. 가끔 혼자 웃기도 하겠지. 비밀은 나만의 작은 섬이니까. 그렇게 비밀을 담근다. 공간이란 옹기에 시간이란 유산균을 첨가하여 밀봉해 두면 맛깔스럽게 익어서 세월 앞에 감칠맛을 내놓을 그 무엇이다. 지금 나의 비밀은 숙성되고 있는 중이다.

"어머, 오늘 참 멋지네요."

"서울은 비 온다는데 여긴 후덥지근하죠?"

사생활 침해 소지가 있는 인사말을 바꾸기 위해 의식적으로 내가 하는 말들이다. 잘못을 알면 고쳐야 한다고 아이들에게 말하면서 실천하지 못한 적이 더 많다. 찰라 같은 만남속의 짧은 한마디는 긴 시간 여운이 되어 행복하기도 우울하기도 할 것이다. 출근길 처음 만난 사람이 '오늘 멋지다' 고 하면 종일 멋진 삶을 살지 않을까? 마음은 물질로만 전하는 것이 아닐 것이다. 한울타리에 사는 이들에게 내가 하는 말 한마디로 유쾌해 질 수 있다면 나는 그렇게 하고 싶다. 그것이 거짓이 가미된 찬사라 할지라도. 어차피 우리는 비밀 한 움큼씩 품고 사는 동반자가 아닌가.

5·18 저녁에

아직도 눈에 선하다. 녹음이 우거진 벚나무 숲이, 연하고 보드라운 새순들의 느낌이 손끝에 남아 촉각을 자극한다. 기억만으로도 감각을 느낄 수 있음이 신기할 뿐이다. 기억이란 참으로 묘하다. '추억' 이란 단어와 어우러져 잊고 싶지 않은 느낌을 그대로 저장해 둔다. 가끔씩 꺼내면 그 순간을 고스란히 전달해 준다. 첫 키스의 느낌도, 첫 아이 낳을 때의 느낌도 항상 그대로다. 기억이라는 신비한 뇌세포는 어디에 이 많은 추억을 저장해 두었을까. 삶이 버거울 때 추억은 새로운 설레임이 되어 전율을 느끼게 한다. 기억은 인간이 누리는 최고의 특권은 아닐까.

나의 시댁은 예천이다. 어머님께서 연로하셔서 농사를 지을 수 없어 논을 묵혀야 했다. 이태가 지나니 잡초가 우거져 야산처럼 변했다. 시골에서 흙 내음 맡고 자란 탓인가. 땅에 애착이 많은 나는 그

논을 묵히기 아까웠다. 마침 고향친구가 노는 땅에 벚나무를 심고 있었다. 선뜻 투자를 자청하며 묘목을 지원하였다. 나머지는 남편 몫이었다. 천 그루의 벚나무를 심어놓고는 주말마다 시골에 갔다. 뽑아도 뽑아도 나는 잡초와 묘목 잡아주기, 약치기 등 남편은 농군의 모습을 닮아갔다. 꽤 많은 비가 오면 자다가도 일어나 시골에 다녀왔다. 대구와 예천간의 짧지 않은 거리를 불이 나도록 다녔다. 그렇게 이년을 정성들여 놓으니, 올해는 제법 우거진 폼이 숲의 모양새를 하고 이었다. 튼실한 나무를 잡고,

"이 년 동안 4,5월에 여기에 미쳤었지."

하며 뿌듯해 하는 남편에게

"당신은 오월이면 어디에 미치나 보네."

우스갯소리로 말했다.

취중진심이라더니, 때론 흘러버리듯 내뱉는 말에도 진심이 담겨있나 보다. 내가 아는 이 남자의 오월은 열정의 오월이다. 자신의 전부를 내던지는 희생의 오월이다. 목이 터져라 외치는 절규의 오월이다. 87년 오월에는 '독재타도 호헌철폐' 를 외치며 거리를 누볐고, 89년 오월에는 감방 간 친구 옥바라지와 그 빈자리 메우느라 학생회에서 살다시피했다. 편안한 잠자리는 친구에 대한 배신인 듯 학생회 소파에서 선잠을 고집했던 사람, 의리를 목숨처럼 소중히 여겼던 사

람. 그 열정에 마비된 듯 그 곁에서 함께 타올랐던 내 모습이 파릇파릇 되살아난다.

현실은 냉정했다. 순수나 열정은 공허한 이상에 불과했다. 졸업 후, 모두들 자신의 자리를 찾아 떠났다. '부모가 자식 반 팔자' 라더니 빨간 딱지를 달고도 제자리가 정해져 있었다. 가야할 곳을 잃은 나그네마냥 뒤늦게 자신의 상황을 파악한 그는 이를 악물고 현실에 적응하려 노력했다. 그러나 제도권속의 안락한 일자리를 박찬 그에게는 모든 것이 넘어야 할 벽이었다. 쌩쌩 달려만 가는 이들 뒤에서 장애물 경기하듯 고난 하나를 넘으면 또 하나가 나오고, 그 하나를 넘으면 또 하나가 기다렸다. 사랑에 빠진 나는 그런 그에게 힘이 되어 주리라 말없이 다짐하곤 했다.

5 · 18묘역에 내로라는 정치권 인사들이 줄지어 참배를 했다. 많은 이들의 노력으로 왜곡되었던 1980년 5 · 18광주는 진상규명되어 명예를 회복했다. 5 · 18기념행사도 행정자치부가 주관한다. 참으로 반가운 일이다. 역사는 흐르고 진실은 밝혀지는 법이다. 5 · 18민주화 진상규명을 위해 팔이 빠지도록 대자보 쓰고, 메가폰 들고 교문 앞에서 외치던 그는, 작은 음식점에서 손님바리기 하고 있다. 아이러니한 현실이다. 삶의 수레바퀴를 돌리느라 5 · 18임을 다 된 저녁에야 알았다 한다. 씁쓸하게 웃는 그 모습이 아프다. 너무 아프다.

대가를 바라고 바친 열정이 아니지만, 밀려난 듯한 그의 현실이 안쓰럽다. 가여운 이 남자를 꼭 안아준다. 좋다. 질리지 않는 이 남자의 품이. 껴안고 있으면 나무가 되는 이 남자는 아직도 내 속에서 자라고 있다. 벚나무 보다 더 울창한 숲이 되고 있다.

착하게 살면 복이 온다. 착하게 살아라. 이런 식의 선에 대한 맹목적인 믿음은 이분법적 사고를 조장하여 총체적 무비판의 사회로 몰아갈 위험이 있다. 세분화되고 전문화되어 가는 사회에서 선과 악은 서로 다른 공간에 존재하지 않는다. 비판은 우리 사회의 건강성을 말해준다. 옳지 않은 것을 말하고, 바꾸려고 노력하는 이들로 인해 사회는 발전해 간다. 착하게 산다고 올바르게 산다고 해서 반드시 복을 받는 것은 아니다. 신령님이 나타나 금도끼, 은도끼를 주지는 않는다. 하나 밖에 없는 나무도끼를 잃었다면, 굶든지 다시 사든지 해야 한다. 준비성 있는 나무꾼이라면 모아놓은 돈으로 쇠도끼를 사겠지.

어느 기자가 5 · 18 주범인 전두환 전 대통령의 동태를 종일 살폈다 한다. 자신을 향한 눈들을 의식해서일까. 그는 종일 집안에서 칩거했다 한다. 무슨 생각을 했을까. 권력의 최고 자리까지 누린 그가 몇 십 평 공간에 갇힌 신세다. 양심이란 창살 없는 감옥이 그의 행동을 제어했으리라.

"만약에 다시 그 시절로 돌아간다면 당신은 어떤 선택을 할 것인가" 남편은 잠깐의 주저함도 없이 같은 길을 걷겠노라 한다. 스스로의 양심에 떳떳한 삶을 선택하겠단다. 하늘 아래 당당할 수 있는 그의 삶의 철학은 지금도 진행 중이다.

어딘가에 미쳐있을 때 자신은 자신을 모른다. 누가 무슨 말을 해도 들리지 않는다.

이념을 위해 미쳐있던 이십대의 이 남자도,

꿈을 위해 미쳐있던 삼십대의 이 남자도,

재기(再起)를 위해 미쳐있는 사십대의 이 남자도 아름답다.

오월이면 어딘가에 미쳐있는 남자, 내가 사랑하는 남자다.

아, 그렇게 세월이 흘러

오십에는 자신감에 찬 약간은 거만한 이 남자를 만나고 싶다.

육십에는 전원에 푹 빠진 넉넉한 웃음을 자아내는 이 남자를 만나고 싶다.

삶에도 되돌이표가 있다면

어디로 가야하지. 셋이나 탔지만 아무도 몰랐다. 오른쪽으로 가자는 의견이 우세하여 우회전을 했다. 가다보니 큰 도로와 연결되는 길과 농로로 이어지는 갈림길이 나왔다. 또 다시 멈추어 어디로 갈지 고심했다. 카페에 전화해 주인의 안내를 생중계로 간신히 찾았다. 분위기 좋다는 입소문에 먼 길을 마다않고 '강가에 노을' 이라는 카페를 찾아가는 길이었다. 처음 가는 길은 언제나 낯설다. 자세한 약도 앞에서도 헤매기 십상이다. 우리의 삶도 그렇지 않은가. 선인들의 훌륭한 지침이 있음에도 불구하고 갈팡질팡 한다. 과연 잘 가고 있는 걸까.

#선생님, 준하 독서지도 수업하기 어려울 것 같아요. 준하 아빠 회사 문 닫았어요.#

#그렇군요. 그쪽 경기가 워낙 좋지 않다더군요. 목요일 만나서 이야기해요.#

준하 어머니와 주고받은 문자메시지다.

목요일 오후였다. 내가 사는 곳처럼 자연스럽게 준하네 아파트로 들어섰다. 8년 동안 매주 목요일이면 이곳에서 수업을 했다. 유치원 원복입고 앉았던 아이는 중학교 교복을 입고 앉아서 수업을 받는다. 책상이 마냥 컸던 꼬맹이는 그 책상이 비좁을 정도로 자랐다. 보기만 해도 흐뭇해지는 아이들이다. 사교육에 몸담고 있는 나에게 가장 힘겨운 것은 교육비를 내느냐 내지 않느냐에 따라 수업여부가 결정되는 순간이다. 나와 아이와의 유대나 수업의 깊이는 상관없다. 이제, 이 아이와 헤어져야 한다. 언제까지나 부딪치며 지내리라 믿어서인가. 가슴이 짠하게 아팠다.

가라앉은 마음을 부추기며 힘겨운 수업을 했다. 알퐁스 도데의 '마지막 수업' 이 그 순간에 떠올랐다. 프러시아의 지배를 받고 있던 프랑스는 더 이상 프랑스어로 수업을 할 수도, 들을 수도 없었다. 40년 동안 몸담았던 학교에서 혼신의 힘을 다하신 아멜 선생님이 '프랑스 만세' 를 칠판에 적으며 아이들 가슴에 애국심을 심어줬던 '마지막 수업' 의 감동이 살아났다. 내 손끝의 상처가 타인의 죽을병보다 더 큰 아픔이라더니 이 팀과의 마지막 수업이 역사 속 한 장면 같다. 하기사 내 역사의 한 장면은 될 것이다. 나도 아멜 선생님처럼 잊을 수 없는 메시지를 전하고 싶었다. 그러나 아무것도 할 수 없었다. 결국엔 다음 주에 다시 만날 것처럼 과제 내주고 '애썼다' 로 마무리 했다.

아이들이 나간 자리에 준하 어머니와 마주 앉았다. 학부모와 교사라는 입장보다는 오래된 친구처럼 허물없는 이야기를 주고받는 사이였다. 일밖에 모르던 사람이 집에 있으니 바보된 것 같다며 남편의 상처를 더 아파하며 눈시울을 붉히는 준하 어머니께 힘이 되는 말을 하고 싶은데, 내 눈물이 멈추질 않았다. 한마디도 못하는 내가 바보 같다. 난 왜 이럴까. 꼭 해야 할 말을 하지 못하고 뒤늦게 후회할 것을 알면서 감정이 조절되지 않았다. 때론 어떤 위로의 말보다 아픔을 이해할 수 있는 눈짓이 더 큰 위로가 될 때가 있다는데 눈물이 내 마음을 대신했기를 믿어본다.

준하 아버지는 섬유업계 공장을 했다. 같은 일을 하는 제부는 "이 계통에서 그 사람만큼 확실한 사람 없습니다. 그 사람 무너지면 다 무너질 것입니다." 고 했다. '근면 · 성실' 을 전 국민적 표어로 내세우며 노력을 독려했던 적이 있다. 성실하게 노력하면 잘 살 수 있다는 신념이 뼈 속 깊이 박힌 우리는 참으로 열심히 산다. 그러나 그토록 노력하고 성실해도 경제원리 앞에서는 속수무책인가보다. 중국의 값싼 노동력에 밀려 국내에서는 인건비 충당도 힘들다고 한다. 필리핀, 스리랑카에서 연수생을 들여와도 내수시장이 원활하지 않으니 더 버티기가 힘겨웠다한다. 대구 섬유 경기가 바닥인 것과 나의 일과 무슨 상관있겠냐 했는데 톱니바퀴처럼 맞물려 돌아가는 세상살이에 눈을 뜬다.

나는 돈을 벌기위해 수업을 한다. 하지만 돈 때문에 수업을 그만두는 준하를 생각하니 마음이 아프다. 돌고 돈다는 돈이 무엇이길래 그 돈의 노예가 되었을까. 자본주의 사회에서 돈만큼 제 값어치를 하는 것이 없는 것 또한 부인할 수 없다. 인격이니 성품이니 하는 것도 가늠하려면 시간을 두고 겪어 봐야 할 문제다. 그러나 돈은 당장에 인격이 되고 성품이 되는 현실이다. 아이들도 정성담긴 편지보다는 원하는 것을 살 수 있는 상품권을 더 좋아한다. 돈의 힘은 생판 낯선 곳으로 나를 데려가더니 8년 동안 붙박이처럼 그곳에 가게 했다. 그러더니 이제는 그만 가란다. 그동안의 정(情)도 세월도 싹둑 잘라버린다. 교육이니 독서니 하며 도도했던 나 자신이 와르르 무너진다. 돈의 힘에 이끌려 다니는 나 자신을 찬찬히 훑어본다. 나의 의지가 나를 움직이는 게 아니라 돈이 나를 움직였단 말인가.

준하 어머니는 새벽에 우유를 돌릴 것이란다. 경제적 어려움 없이 넉넉하게 살다가 눈앞에 닥친 현실에 쓰러질 법한데 용기 있다. '우유는 먹는 사람보다 돌리는 사람이 더 건강하다.' 는 말이 있다. 새벽 공기를 가르며 바쁜 숨을 들이마실 준하 어머니의 삶이 건강하리라 믿는다. 절망 앞에 희망이 기다릴 것이라 말하고 싶다. 고통 앞에서 가족이 똘똘 뭉치는 준하네를 보니 잃는 것이 있으면 얻는 것도 있음을 본다. 벼랑 끝에 섰다고 추락하는 것은 아닐 것이다. 난 다음주 목요일에도 준하네로 갈 것이다. 자식 같은 그 녀석들에게 열정을 쏟을 것이다. 돈이 빠진 열정이 얼마나 갈지 모르지만…….

밤길에 헤매며 찾아갔던 '강가에 노을' 을 다시 간다면 단번에 찾을 것이다. 초입을 몰라 되돌아가고, 전화로 물어서 갔던 처음과는 달리 자연스럽게 말이다. 시간도 태엽처럼 감아 원하는 시간 앞에 돌려놓을 수 있다면 얼마나 여유로울까. '실패' '후회' 이런 단어는 애당초 생기지도 않았겠지. 미스테리한 미래를 조심조심 걸어가는 내 삶에 되돌이표가 있다면…….

제 4 부

예술 한 접시

길

그래, 우리도 떠나자.

이글이글 끓어오르는 땅의 열기를 눈으로 확인할 수 있는 팔월의 대구는, 찜통을 연상케 한다. 가만히 있어도 땀방울이 송글송글 맺힌다. 조금이라도 움직이면 땀은 비가 되어 흐른 다. 이마에서 내린 땀방울은 코를 타고 목으로 가슴으로 흘러내린다. 그 모습이 사뭇 산줄기를 타고 내리는 계곡 같아 재미 있어진다. 그러나 계속되는 더위는 생각을 경직시켜 불쾌지수를 높여 사소한 일에도 짜증을 유발한다. 글을 쓸려고 책상에 앉으면 어느새 꽉 막힌 사고(思考)의 주차장을 만나게 된다. 닦아놓은 고속도로에서 정체된 답답함은 달려본 이들은 느낄 것이다. 확장된 사고(思考)를 위해서는 돌파구가 필요했다. 매주 월요일 있는 수필수업을 야외에서 하기로 했다. 약속을 잡아놓자 여유와 느긋함이 몰려왔다. 이미 좋은 글 한편 쓴 듯 마음은 가뿐하였다.

약속한 월요일 아침, 함께 공부하는 언니가 타온 냉커피 병에는 이슬이 조롱조롱하다. 보기만 해도 시원하다. 얼음이 녹으면서 만들어 내는 방울은 땀방울과는 느낌 자체가 다르다. 기분까지 맑아진다. 출발을 했다. 그러나 선생님의 차는 여전히 후끈거렸다. 에어컨에 이상이 있는 것을 확인하고 서비스 센터에 맡겼다. 선생님의 차는 종합검진에 들어갔고, 우리는 다시 출발했다. 늘 다니는 길이 아닌, 다른 길로 간다는 사실에 조금 늦은 출발에도 마냥 신났다. 내가 운전할 때는 앞만 보고 다녔는데, 뒷좌석에 앉으니 산도 보이고, 하늘도 보이고, 재롱떠는 구름도 보였다. 늘어선 가로수도 바람과 함께 춤춘다. 흘러나오는 노래를 흥얼거린다는 것은 이미 행복이라는 단어가 온몸을 휘 감고 있다는 것이다. 운전대를 선생님께 맡긴 우리는 소풍 가듯 동심에 젖어 재잘댔다.

누가 만들었을까. 누가 거닐고 다녔을까. 무슨 생각하며 그 길을 걸었을까. 어떤 사연으로 그 길을 개척했을까. 그리움에 사무쳐 다니고 다니다 길이 되었으리라. 가는 곳마다 나 있는 길을 걷노라면 처음 지나간 이의 삶이 문득 궁금하다. 내 가슴 속에도 몇 가닥의 길이 있다. 고속도로처럼 쭉쭉 뻗은 길 몇 개와 굽이굽이 넘어야하는 산길 몇 개, 가만가만 걷는 오솔길 한두 개. 고속도로는 빨리 달릴 수 있으나, 운치가 없다. 내 마음 속의 고속도로도 한결같이 달려만 간다. 도착지만 생각하며……. 그러나 오솔길은 다르다. 그 자체가 '시' 며 '음악' 이다. 그 길을 거닐면 시인이 되고 음악가가 된다. 오솔길은 요란하지도 번잡하지도 않다. 삶이 지칠 때 가끔씩 찾아가면 위안이 되는 길이다. 야외로 나온 지금, 고속도로였던 내 마음이 오솔길로 접어들었다. 쉼표하나 찍고 숨 돌리듯, 오솔길에 취해있다.

몇 번이나 갔던 길이다. 그러나 갈 때마다 다르다. 보는 것도 다르고 감동도 다르다. 해인사 가는 한적한 옛길에서 질주하는 고속도로를 본다. 이 아름다운 풍경을 놓친 채 달려만 가는 그네들에게 함께 가자고 말하고 싶다. 저절로 속도를 줄이는 여유를 누리라 말하고 싶다. 천천히 달리다보니 볼거리도 많고 할 말도 늘어난다. 지금 난, 짜여 진 일정에 바삐 뛰어 다니던 그 모습이 아니다. 낭만에 젖은 내 눈은 하늘을 담고 계곡을 담는다. 해인사 입구, 일행은 말문을 닫는다. 말이 필요 없다. 어느 화가가 스케치 한들 이보다 더 멋진 풍경을 담아낼까. 한 폭의 수채화 같은 해인사 가는 길에서 나도 그림이 된다. 그 속에 한 점이 된다. 거대한 자연 앞에서 한없이 작아지지만, 한없이 너그러워지는 것은 왜 일까. 인간이 도저히 흉내 낼 수 없는 웅장한 자연에서 겸손을 배운다. 천년을 묵묵히 터를 지킨 소나무가 해답이다. 바위가 말한다. '자연스러워라. 자연을 닮아가라.'

어설픈 철학자 흉내를 내는 사이에 해인사에 도착했다. 같은 사람과는 갔던 길만 가게 된다. 똑같은 길이라도 함께 가는 이가 다르면 다른 길을 만나게 된다. 유적 따라 한 가지 길만 다녀 본 내게, 해인사의 새로움을 보여 주신 선생님. 선생님께서는 이것이 진정한 해인사라 하셨다. 관광객의 발길이 닿지 않는 길은 고요했다. 진정한 해인사를 아는 이들만이 그 곳에서 여름을 잊고 있었다. 햇빛조차 차단 할 듯한 가로수는 서로 어우러져 터널을 만들었다. 그리운 사람 손잡고 거닐고 싶은 유혹의 길이었다. 수심이 깊은 폭포 입구에 발을 담그는 순간 여름은 사라졌다. 자연만이 연출 할 수 있는 묘기에 빠진 듯, 여름 한나절은 그렇게 지고 있었다.

사람에게는 저 마다의 성격이 있다. 성격이란 것도 한결같지 않아서 만나는 사람이나 모임에 따라 달라진다. 넷째로 자란 나는, 친정에 관해서는 무책임하다. 명절이 되어도 부모님 생신이 되어도 아무런 책임감을 느끼지 못한다. 그저 행사에 참석할 뿐이다. 즐기기만 하면 된다. 그러나 시집을 가고 나니 외아들인 남편은 늙으신 부모님 봉양에서 모든 대소사를 책임져야 했다. 명절에는 내가 아니면 상 차릴 사람이 없으니, 절대 빠질 수가 없었다. 친정 식구들은 여리고 무책임한 내가, 강단지게 살림 살며 행사 치러 내는 것을 보며 놀라워한다. 사람의 성격도 상황에 따라 달라지나보다. 우리가 가는 길도 어떤 길이냐에 따라 모습이 달라진다. 나는 어떤 길을 가고 있는가. 나의 길에서 만나는 많은 사람들 때로는 고속도로가 되었다가 때로는 오솔길이 되기도 하겠지.

거짓말 같이 소나기가 지나갔다. 방금 세수 한 듯 맑은 하늘이 방긋 웃는다. 나도 웃는다. 남희도 웃는다. 다안도 웃는다. 선생님도 웃는다. 마음이 웃으니 눈길이 정겹다. 오고가는 손길이 따뜻하다. 졸린 내 어깨 감싸는 남희의 손길에 정이 흐른다. 잠결에 들리는 이야기 소리는 가슴으로 전해져 사랑이 된다. 서로의 가슴 속에 끈끈하게 이어져 잡아 주고 끌어주는 동아줄이 된다. 하나의 동아줄에 묶인 우리는 '행복한 구속' 이 될 것이다. 서로에게. 월요일마다 달리던 길에서 벗어나, 해인사로 달리며, 또 하나의 길을 만났다. 그 길은 문학의 길이다. 혼자가 아니기에 두렵지 않다. 길 위에서 길을 찾았다. 먼지 닦아낸 투명한 유리 같은 눈으로 세상을 본다. 청량한 바람 한 줄기 먼 길 위로 쏟아진다. 다시 나를 부르는…….

예술 한 접시

커피를 탄다. 나의 하루는 커피 향과 더불어 시작된다. 주전자에 물을 올려놓고 끓기를 기다린다. 길지 않은 그 기다림을 즐긴다. 물이 끓으면 낮추어 더 끓인다. 기화하려는 수증기가 주전자 뚜껑을 두드린다. 작은 드럼을 치듯 뚜껑에서 일정한 리듬이 탁탁 박자를 맞춘다. 뜨거워진 물을 부어 찻잔을 데운다. 따뜻함을 오래 느끼고픈 마음이 만든 습관이다. 빈 잔에 커피 두 스푼, 설탕 두 스푼을 덜고 물을 붓는다. 검은 회오리 뜨거운 물을 부여안고 용솟음친다. 크림 두 스푼 반과 헤이즐럿 향 커피 반 스푼을 넣어 젓는다. 찻잔 속 검은 호수에 하얀 크림이 그림을 그린다. 소용돌이다. 검은빛과 흰빛이 휘감겨 하나가 된다. 매번 보는 파문이지만 새롭다. 그 속에 내 감정도 녹아 그 빛에 하나가 된다. 스푼으로 한 바퀴 휘저으면 밀크커피가 완성된다.

나는 찻잔을 들고 다니며 마신다. 화장대에서 몇 모금, 탁자 위에서 몇 모금, 옷 갈아입다 몇 모금, 그렇게 천천히 마신다. 찻잔이 비워지면 나의 하루도 시작된다. 입에서 커피가 떨어지면 다음 커피는 어디서 누구랑 마실까를 생각하는 것을 보면 '중독' 이다. 커피 중독인 나의 눈에는 모두들 하나씩은 중독에 걸린 듯하다. 담배, 술, 게임 등 부정적 느낌 때문에 표현하기를 꺼려하지만, 한곳에 미친다는 중독은 예술(藝術)이란 이름으로 우리 앞에 서기도 한다. 발레리나 강수진의 발을 보면 그녀가 얼마나 춤에 빠졌는지 알게 된다. 어디 강수진 뿐일까. 세상에는 제 나름 하나씩은 중독에 빠져 자신의 삶을 그려내는 것 아닐까. 중독 같은 지독한 몰두로 태어난 예술이 우리 앞에 새로운 세상을 보여준다.

가을은 전어의 계절이라고 한다. 횟집 앞의 현수막은 'COME BACK 며느리' 라며 이래도 먹지 않을 거냐고 유혹한다. 회 맛을 모르는 나는, 나처럼 회 맛을 모르는 남편과 살며 우리가 자청해서 횟집에 가본 기억이 없다. 늦은 밤 산책길에 '전어 한 접시가 참깨 서 말' 이라는데 먹어보자며 들어갔다. 바닥에 자갈을 깔고 플라스틱 의자를 놓은 곳에 자리를 잡았다. 시원한 밤공기에 어디서 바다내음 묻어오진 않을까. 바다가 없는 도시에 살다보니 바다는 언제나 동경의 대상이다. 비릿한 냄새만 스쳐도 바다를 그리워하는 것도 그 탓이다.

미리 나온 땅콩을 까먹으며 수족관에서 전어를 꺼내 손질하는 주인의 재바른 손놀림을 본다. 남편과 말을 주고받는 동안 그의 손은 단 한 번도 주춤하지를 않는다. 방금 전 물속에서 지느러미 튕기며 노닐던 싱싱한 헤엄은 도마 위 하얀 수건에 꾹꾹 눌려 마지막 남은 수분을 적셔내 주고 있다. 추임새같이 팔을 털더니 오른손에 든 칼을 다시금 잡고 왼손을 고른다. 손목과 손끝의 움직임은 리드미컬하다. 놀라운 칼솜씨다. 이윽고 잘 썰어진 전어는 접시에 담겨 탁자위에 올라온다. 적당한 크기다. 회를 뜬지 이십 년이 넘었다는 주인의 말처럼 그의 회 뜨는 솜씨는 술(術)의 경지를 느끼게 한다. 오랜 시간의 땀방울이 쌓여 이루어진 그의 삶을 예술(藝術)이라 부르지 못할 이유가 있을까.

예술은 삶을 더 풍요롭게 하고 마음을 열어준다. 예술하는 사람이 존경받는 것도 그 자리를 마련해 주기 때문일 것이다. 예술이라면 음악, 미술, 문학이 연상되며 분야도 전문가도 많다. 예술하는 사람은 뭔가 다른 세상 사람같이 느껴지는 경우도 그래서 일 것이다. 한때 예술이란 이름으로 무릇 대다수에게 소외감을 주었던 시대가 있었다. 귀족문학이 그렇고, 양반문학이 그랬다. 뛰어넘을 수 없는 신분에 선을 긋는 것으로도 부족해서 예술이란 장벽을 쌓아 그네들의 특허처럼 오랜 세월 누렸다. 예술은 배부른 사람들이 즐기는 호사처럼 배고픈 사람에게는 잡을 수 없는 무지개였다. 그러나 누구나 무지개를 잡고 싶다. 혁명의 피비린내 질펀하게 흐르고 다시 사람이 사람으로 마주 선 지금, 예술은 우리에게 익숙하다. 어디를 가도 예술의 열린 공간이 많다. 그래도 '예술 그거 먹고 살만한 놈들이나 하는 짓이지' 라고 하는 이가 있다면 나는 말하고 싶다. 횟집 아저씨의 칼과 도마를 난타 공연의 악기로 여기고 그 옆에서 젓가락 장단 맞출 수 있다면 그것도 예술이라고. 그 속에서 쾌락을 느끼고 일상의 짐을 잠시 내려놓을 수 있다면 예술을 즐기는 것이라고, 그런 당신도 예술가라고.

초장에 된장, 겨자를 섞어 부드러운 전어를 찍어 먹는다. 역시 맛을 모르겠다. 회는 그 맛이 그 맛 같다. 단지 주인이 빚어낸 예술 한 접시 감상한다 생각하니 그 맛이 그 분위기가 특별할 뿐이다. 인간은 어쩔 수 없이 의미를 부여하고, 부여한 의미에 자기가 취해 만족을 하며 사는 존재인가 보다. 회 맛을 모르는 나를 무마하기위해 예술 한 접시 감상한다니 얼마나 가당찮은가. 그런데 그 가당찮은 일이 때로는 밋밋한 일상을 특별하게 하고 삶에 감칠맛을 부여하니 어쩌랴. 제 맛에 사는 삶이다.

어디에 중독되지 않고 중용을 유지하기란 애초에 틀려먹은 것이 아닐까. 얼마나 미치고 얼마나 중독되어야 술(術)의 경지에 닿을까. 무수한 일상들이 거듭되면 내 삶도 예(藝)의 언저리에 미칠 수 있을까. 어차피 하나씩은 자신의 일에 중독되어야 한다면 그렇게 사는 것이 옳다면, 나는 문학을 부여잡고 그 속에 미치고 싶다.

11월의 나는

11월의 나는 흔들린다. 특히 11월의 거리는 내 마음을 빼앗아 간다. 좀체 계절을 타지 않지만 계절이 주는 분위기에 빠져드는 유일한 달이 11월이다. 11월의 오후 다섯 시가 지나면 낮과 밤이 교차한다. 마치 교대하는 근로자처럼 서로의 임무를 전달하는 듯하다. 낮, 그 강렬한 빛의 채도는 낮아지고 밤, 그 은밀한 어둠에는 당도하지 않은 시간이다. 적당히 밝고 적당히 어둡다. 낮이 가고 밤이 온다. 빛 아래 선명했던 사물들이 어둠속으로 숨어든다. 드러난 모습이 감추어지는 밤에는 보이지 않는 것들이 되살아난다. 감정이 그것이다. 무생물이 발가벗고 선 채로 낮을 맞이하고 나면, 꿈틀대는 감정이 발가벗고 밤을 기다린다. 밤에 느끼는 감정이 진실은 아닐까. 가슴 저 밑에 숨겨둔 그리운 이름 하나 불러보게 되는 것도 11월이다.

11월 해거름에는 낮과 밤의 오묘한 접합을 볼 수 있다. 확연히 구분되는 낮과 밤이지만 암수가 서로 달라붙어 있는 동형생식세포처럼 하나인 것 같다. 둘이지만 하나인 것이 어디 이뿐인가. 남녀가 사랑을 나누는 그 순간도 하나가 된다. 엉켰던 오해도 서로에 대한 원망도 깊은 사랑을 나눈 후에는 봄눈 녹듯 사라진다. 눈빛으로, 손끝으로, 온몸으로……. 때로는 몸이 언어가 되기도 한다. 몸은 말로 풀지 못한 감정을 풀어내는 신비한 힘이 있다. 각자 삶의 터전에서 외로이 낮의 일과를 보낸다. 일이 끝났다는 해방감 앞에는 짙은 어둠이 깔리고 사랑하는 이를 향해 달려가는 기쁨이 있다. 전혀 다른 낮과 밤, 전혀 다른 남과 여. 그 빛깔이나 하는 역할이 다르지만 그들은 하나가 되기도 한다. 낮이 밤에게, 밤이 낮에게로……. 남녀의 은밀한 사랑도 보이지 않는다. 그러나 이루어진다. 밤의 장막아래서……. 그 짧은 만남이 강렬하고, 그 짙은 몸짓이 강렬할수록 낮은 더 환하고 밤은 더 어둡다. 각자의 역할에 더욱 충실한 것이다. 서로가 서로의 에너지가 되고 의미가 되었기에 가능한 것이다. 11월, 내 말은 침묵하고 내 몸이 말을 한다.

11월 해거름, 등 뒤에 붉은 노을이라도 비치면 그 곳이 어디든 마음은 소용돌이친다. 어디로든 떠나고 싶은 유혹에 휩싸인다. 목적지도 없이 정류장에서 버스를 기다리고 싶어진다. 포장마차에서 새어

나오는 온기가 나를 이끌고, 누군가 도장처럼 찍어 놓은 간장 위에 어묵을 찍어 먹고 싶어진다. 나는 나무에 단풍이 한창인 10월보다 나무가 떨구어 놓은 낙엽들이 질펀한 11월의 거리를 좋아한다. 바스락거리는 낙엽 밟는 소리를 좋아하고, 달리는 바퀴 속에 감겨오는 낙엽들이 좋다. 잎을 떨군 가지를 보며 한기를 느끼고 목도리 하나 더 챙기게 되는 11월이면 비로소 나를 돌아보게 된다.

누구나 자신의 생활에서 욕심내는 것이 있다. 내가 부리는 욕심은 '문화' 에 대한 것이다. 무엇을 의미하는지 모르는 그림 앞에 서 있지만, 그림처럼 나도 주목받는 존재 같다. 귀에 들어오지 않는 오케스트라를 듣고 있지만, 그 순간만은 내가 꽤 멋지게 느껴진다. 유독 문화 행사가 많은 11월이면 내 허영심은 극에 달한다. 여기 저기 찾아다니느라 분주하다.

생활지수는 생각도 않고, 분수지수만 높여가고 있는 것이다. 일을 하지 않으면 당장의 생활이 궁핍한 서민으로 살고 있으면서, 문화생활을 누리고픈 내 욕심은 상류층에 가 있다. 값비싼 뮤지컬 티켓 구매를 할 때 몇 번을 망설이고, 그 돈으로 대체할 수 있는 생활필수품을 떠올린다면 그것은 생활지수보다 분수지수가 높은 것이다. 나도 알고 있다. 나를, 그러나 한편의 영화를 보든 공짜 연극을 보든 그 속에 있을 때가 가장 나답고, 가장 행복하니 큰일이다. 이것도 병이라면 중병이 아닐까.

매달 두 번째 화요일 오전 11시가 되면 나는 수성아트피아 용지홀에 앉아 있다. '마티네 콘서트' 라는 음악회다. 황원구 지휘자의 해설로 어려운 클래식을 쉽게 감상할 수 있도록 배려한 음악회다. 지휘자의 감칠맛 나는 클래식 설명은 문화에 갈증을 느끼고 있는 내게 샘물 같은 시간이다. '소나타' 라면 자동차만 떠올리던 내가 '소나타형식' 의 음악을 알게 되는 것도 그 곳에서다. 매달 주제를 정하고 설명까지 곁들이니 주부들에게 인기가 좋다. 지난달부터는 음악회 보는 것으로 모임을 대신한다. 문화 허영심도 채우고 좋은 사람들도 만나니, 이보다 더 좋을 수는 없다.

연주자는 자신이 연주하는 악기를 닮는다고 한다. 악기가 가진 특성이 연주자의 성격으로 나타난다고 한다. 현악기의 대표인 바이올린은 음색이 화려하다. 연주하는 사람도 섬세하고 화사하다고 한다. 바이올린과 같은 현악기며 네 줄을 켜서 소리 내는 첼로는 음역이 넓고 음색이 풍부하다. 연주하는 사람도 풍성한 외모와 넉넉한 여유를 가진다고 한다. 바이올린 소리가 봄날의 희망이라면, 첼로 소리는 가을날의 낭만이 아닐까. 아쟁은 일곱 가락의 현으로 되어 있으며, 개나리 가지로 만든 활을 켜서 소리를 낸다. 같은 현악기지만 아쟁에는 우리민족의 정서가 녹아난다. 가슴을 에는 듯한 가느다란 음색은 무쇠 같은 심장도 녹일 듯하다.

나는 무슨 악기를 닮았을까. 수십 년 연주해 온 악기가 없으니 닮을 악기도 없지만, 그 순간 나는 어떤 악기와 닮았을까. 내게 어울리는 악기는 무엇일까. 궁금하였다. 덜거덕 덜거덕 시골길 가는 소달구지 마냥 낙천적인 내게 어울리는 악기는 뭘까. 연주회에서 본 악기를 떠올린다. 윤이 나는 검은 빛의 품위 있는 그랜드 피아노? 아니다. 봄 햇살처럼 밝은 빛의 바이올린? 아니다. 타인의 가슴에 심금 울리는 아쟁? 역시 아니다. 애당초 악기와 나는 함께 떠올릴 수 없는 그림인가.

각기 다른 소리를 내는 악기들이 모여 협주곡을 만든다. 지휘자의 손끝에서 조화로운 화음을 연출한다. 저마다 자신의 소리를 낮추어 감미로운 선율이 된다. 대자연의 바람이 되었다가 정열의 태양이 되기도 한다. 전쟁이 일어났다가 평화가 찾아오기도 한다. 좌석에 앉아 듣는 이의 마음도 따라서 파도친다. 지휘자와 혼연일체가 되어 음악의 세계에 빠진 연주자들, 감상에 젖어 주위도 잊은 관객들 모두가 하나다. 판타지다. 제대로 이해 못하는 나만이 두리번거린다. 우뚝 솟은 섬 마냥 외롭다.

다 버리고 새로움을 준비하는 11월의 모습은 가볍다. 빈 바랑 메고 단출한 산방 찾아가는 노승의 뒷모습 같다. 그런 11월 앞에서 나

역시 가벼워진다. 욕심의 무게도 가벼워진다. 얇아진 지갑 대신 채워진 영혼으로도 만족하게 된다. 다시 채울 뭔가를 위해 한없이 비우고 난 뒤의 허기를 안고, 다시 선다. 11월의 나는, 텅 빈 가슴 빈 몸으로 또 다른 세상을 기웃거린다. 나를 채울 무엇을 찾아서……. '명성황후' 예매권을 들고 설레이고 있다. 아직 채우지 못한 허영과 아직 찾지 못한 나를 닮은 악기를 위해…….

남도의 빛깔

남도는 빛깔이다. 온갖 빛깔이다. 그 빛깔 속에 나를 던진다.

보라색

이른 새벽, 안개 자욱한 호숫가에 산책 나온 선녀의 비단옷 빛깔이 이럴까. 보랏빛은 신비롭고 성스럽다. 나는 지금, 전라남도 담양의 메타세콰이어 가로수길 앞에 서 있다. 전라도 기행을 한다 했더니 모두들 이 길을 추천했다. 과연 멋지다. 메타세콰이어 가로수를 환상적으로 만드는 것은 맥문동이다. 앞으로, 위로만 바라보는 우리의 습관. 그 시선이 벗어난, 땅 가장 가까이에 맥문동이 있었다. 시야가 닿는 곳을 넘어 길게 펼쳐진 맥문동 보랏빛은 바라보는 이들을 설레게 한다.

그 속에 서면 누구나 웃게 된다. 돌아보는 눈길마다 정겹다. 삶의 짐을 내려놓고 휴식 취하듯 안온하다. 맥문동을 찬찬히 훑어본다. 한포기만 두고 보면 진가를 알기 어렵다. 그늘진 곳에서 자라는 여러해살이풀이라 어디서나 볼 수 있다. 허나 꽃이 피면 달라진다. 그것도 군락을 이루고 핀 꽃은 장관이다. 꽃 핀 맥문동 군락은 무엇이든 특별하게 만드는 신비의 보랏빛이다. 막 자란 듯한 줄기에서 어쩌면 그토록 신비로운 빛깔을 연출할까. 보라는 나의 행복을 비추는 빛깔이다.

초록색

초록천지다. 팔월은 온 세상이 초록빛으로 물든다. 우주에서 본 지구도 '초록별' 이라고 하니, 오죽할까. 그러나 늘 가까이 있기에 그 빛을 자칫 잊고 있을 때가 많다. 삭정이만 남은 듯한 겨울 산에서 상록수를 만나면 그 푸름에 감탄을 한다. 팔월에는 자칫 그런 감탄을 잊고 산다. 눈만 돌리면 초록이 펼쳐지기 때문이다. 갈매빛이 도는 초록에서 갓 돋아난 연둣빛까지. '초록' 이라 뭉뚱그리기엔 참으로 애매하다.

팔월의 싱그러움을 온몸으로 느낄 수 있는 곳으로 갔다. '보성차밭' 이다. 차밭 입구의 삼나무 길을 걸으며 초록에 젖어 든다. 돌 지난 아기도 아장아장 걷게 만드는 길이다. 펼쳐진 차고랑은 초록 실

뭉치를 감아 놓은 듯 한결같다. 초록 물감을 풀어서 뿌린들 이보다 더 싱그러울까. 녹차 한 모금을 마시니 내 몸에서 초록물이 배어나는 것 같다. 퇴색된 마음 빛도 초록으로 되살아난다. 넘치는 웃음도 초록빛이다. 초록에 취하다 보면, 평소에는 즐기지 않던 녹차를 자주 마실 것처럼 마음먹고 사게 된다. 초록은 생명의 싱그러움을 준다. 초록은 싱싱한 내 꿈의 빛깔이다.

빨강색

사림의 우두머리로, 도학사상을 펼치기 원했던 조광조의 개혁은 훈구파의 음모로 끝이 났다. 개혁적인 사상가의 죽음과 스승의 죽음이라는 이중적 아픔을 겪은 양산보는 입신양명의 유교적 야망도 접고 낙향했다. 스승 조광조의 사상을 흠모한 양산보가 겪었을 비애가 묻어나는 '소쇄원' 가는 길이다. '시원하고 깨끗하게' 라는 의미를 가진 소쇄원은 무등산 자락을 마주보며 굽이굽이 들어가야 한다. 꿈을 펼치지 못하고 생을 마감한 스승의 각혈인가. 세상을 등진 양산보의 가슴속 응어리인가. 소쇄원 가는 길은 온통 배롱나무다.

작열하는 태양과 겨루듯 하늘 향한 그 몸짓이 도전적이다 못해 열정적이다. 평생을 바쳐 가꾼 소쇄원은 자연과 어우러진 한 폭의 그림 같다. 집이 사람을 닮는다는 것을 소쇄원에서 비로소 알게 된다.

당대의 문장가들이 양산보를 찾아 소쇄원으로 왔을 것이고, 소쇄원 언저리에 '한국가사문학관' 이 생긴 것도 우연이 아닐 법하다. 소쇄원 일대의 가로수는 온통 배롱나무다. 가장 뜨거운 여름을 지키는 붉은 그 빛이 활활 타오른다. 백일 동안 피어 있어 '백일홍' 으로 더 알려진 배롱나무가 서 있어야 할 곳이, 거기 인 것 같다. 과연, 여름 꽃, 젊음의 꽃다운 기개가 느껴진다. 빨강은 반드시 피워야 할 정열의 빛깔이다.

하늘색

맑다. 내일부터 태풍이 상륙할거라는 일기예보와는 달리 하늘은 기분이 좋아 보인다. 큰 산 아래 큰 절이 있는 산의 모습이 남도라고 별다르지 않다. 통일신라시대에 창건 된 '백련사' 다. 한 무리 등산객이 등산화를 훌훌 벗더니 대청마루의 다른 한 켠에 앉아 땀을 식힌다. 나는 다시없는 기회다 싶어 신발 벗고 냉큼 올라선다. 한 눈에 들어오는 강진만의 너른 바다에 탄성이 절로 났다.

1800년대, 절을 지키던 스님과 다산 정약용은, 이곳에 앉아 차를 마셨을 것이다. 말하지 않아도 서로를 이해하며……. 하늘과 맞닿아 있는 바다를 내려다보며 찻잔 속에 작은 하늘을 담았으리라. 못내 아쉬워 뒤를 돌아보다 대웅전 옆 정자 아래서 나를 내려다보는 스님과 눈이 마주쳤다. 일상의 끈을 놓고 여기 머물고 싶은 내 마음과 고즈넉한 그곳을 벗어나 세상 속에 뛰어 들고픈 스님의 마음이 교차하는 것 아닌가. 정겹다. 그 눈빛. 나의 짐 내려놓고 가라는 듯 깊다. 진흙 속에 피는 연꽃은 못될지언정 진흙 속에서 허우적거리지 않겠노라 답한다. 하늘빛 닮은 절에서 하늘처럼 맑은 스님을 기억한다. 때론 사람도 하늘이 되나보다. 하늘빛은 깊은 공감의 빛깔이다.

주황색

육지로는 땅 끝이라는 해남이다. '처음' '마지막' 이런 것에 의미두기를 좋아하는 내게, 육지로는 남쪽 극치점이라 기념하고픈 곳이다. 줄까지 서가며 '나 여기 왔노라' 기념촬영을 했다. 민박 구해서 짐 풀고, 송호리 해수욕장으로 갔다. 넓은 해변과 얕은 물깊이는 놀기에 더없이 좋다.

발끝에 닿는 부드러운 모래의 감촉이 좋아 자꾸만 발가락을 꼼지락거린다. 무거운 신만 벗어도 자연인이 된 듯 가볍다. 남해에서의 일몰 역시, 감동이다. 바라봤을 때, 눈이 부시지 않다면 그것은 노을이다. 노을은 아무리 바라봐도 눈이 시리지 않다. 노을을 오래토록 바라보면 눈물이 날 것 같다. 이글거리는 태양아래서 저질렀던 거짓과 탐욕을 들춰내어 고해성사를 하고 싶게 한다.

너무 강하지도 너무 희미하지도 않은 노을은 탁한 마음을 희석시킨다. 좀체 감정 표현이 없는 남편도 연애적 감상에 젖어 어깨위로 손을 얹는다. 여름 여행에 지친 아이들은 물 만난 고기마냥 바다에서 나올 줄 모른다. 발목까지 일렁이는 바닷가를 걸으며 옛 추억을 떠올리고, 다음 여행을 이야기한다. 내 생애 행복한 추억 한 자락을 마음속에 담는다. 병까지 얼린 시원한 생맥주 한잔에 노을빛을 안주로 그렇게 하루는 저물어 간다. 노을빛은 사람을 사람답게 하는 진실의 빛깔이다.

무색

깨끗하다. 삶의 욕심을 씻어 내린 빛깔이다. 시기와 질투도 벗어버린 빛깔이다. 무(無)는 없음이 아니다. 존재하지 않음이 아니다. 눈에 보이지 않으면 없다고 믿는 습관 탓이다. 무(無)는 존재감을 느끼게 하고, 보이지 않는 배경으로 다른 빛을 돋보이게 한다. 무(無)는 함께 함이다. 아무것도 없기에 채울 수 있고, 무슨 색이든 물들일 수 있다. 무엇을 담느냐에 따라 색도 달라진다. 검은빛이 되었다가 분홍빛이 되기도 한다. 무색은 무슨 색이든 끌어안는 빛이다. 무슨 빛깔이든 섞을 수 있는 빛이다.

한 학기를 마친 아이들과의 긴 여행은 미뤄 두었던 대화의 물꼬를

트게 한다. 서로 이야기 하고파 다투는 아이들도 사랑스럽다. 평소라면 소통되지 않았을 이야기도 받아주는 여유를 찾게 된다. 맛난 음식 앞에서 시계보지 않고, 서로의 눈빛 보며 즐긴다. 일상에서 벗어났다는 해방감에 흘러나오는 노래를 따라하며 가벼워진 마음을 읽는다. 여행은 비우기 위한 출발이다. 새로움을 채우기 위한 돌아옴이다. 버리고 다시 채울 준비가 된 여행에서의 마음은 무슨 빛이든 흡수 시킬 수 있다. 무색은 마음을 밝혀주는 빛깔이다.

내 행복, 꿈, 정열 그리고 공감, 진실, 마음을 밝혀주는 빛깔들, 내 삶의 들판에 선명하게 칠하고 싶다.

대가야를 걷다

돌도끼를 어깨에 들쳐 메고 사냥 나가는 남정네를 옆구리에 아이 안은 아낙이 배웅한다. 간신히 살린 불씨를 활활 태우며 굶주린 배를 채울 저녁을 기대하면서. 무리 속에 아이를 내려놓자 아이는 또래들 틈으로 달려간다. 머지않아 닥칠 추위를 생각하며 날짐승 가죽을 무두질하는 아낙의 손길이 바쁘다. 황토를 빚어 토기를 만들고 채소를 말린다. 유유히 흐르는 회천 강가에서 어설픈 작살 내리치던 돌이가 처음으로 물고기를 잡았다. 잡은 물고기 들고 오는 돌이의 얼굴엔 부족의 미래가 있다. 멧돼지 사냥에 실패한 남정네의 무거운 마음이 가벼워진다. 돌이에게서 사냥의 날카로움과 강인함을 발견했기 때문이다. 그날, 남정네는 동굴 벽에 무언가를 그렸다. 태양을 형상화하고 사람을 형상화했다.

양전동 암각화 앞에 서 있다. 역사 교과서에서 본 선사시대 암각화, 그때는 암기할 내용의 한 부분이었다. 단지 내 고향에 있다는 것만으로 신기했을 뿐이다. 한번도 그 역사의 장소에 가볼 생각조차 않고 살았다. 바람 세찬 겨울 어느 날, 헤아릴 수도 없는 시간 속에서 조상의 숨결을 느껴보고 싶었다. 낡은 이정표를 등불삼아 좁은 농로를 헤쳐 찾아갔다. 암각화 위에 드리운 차양이 보물 605호를 보호하고 있었다. 거대한 바위산자락이다. 해질녘 주변풍경이 을씨년스러워 싸한 바람이 몸속을 지나간 듯 한기에 몸을 움추렸다. 알 수 없는 동심원과 사선들에 가만히 손을 얹어본다. 까마득한 세월 속 미로에 빠진다. 차가운 돌멩이에 내 체온이 데워지면 잠자던 숨결이 되살아날까. 이 바위에 그림을 그리며 그들은 무슨 생각을 했을까. 까마득한 훗날, 지친 가슴 부여안고 달려올 누군가를 생각했을까.

'대가야 왕릉전시관' 에 들렀다. 철기시대에 번성했던 대가야의 유적이다. 그 중 44호 고분을 그대로 재현한 전시관은 커다란 무덤이다. 무덤으로 들어가는 듯 묘한 기분은 철기시대로 시간여행을 떠나게 했다. 왕의 시신 옆에 두 명의 호위무사도 함께 누워있다. 저승까지 가져가고 싶었던 왕의 절대 권력과 죽은 후에도 현재의 삶이 계속 이어진다고 믿는 계세사상은 순장이라는 잔인한 장례풍습을 낳았다. 32기의 순장 돌덧널과 유물들을 돌아보면서 전성기 대가야를 떠올린다. 죽은 절대 권력자를 모시기 위해 산목숨을 바쳐야하는 현실을 그들은 묵묵히 받아들였을까. 죽음의 두려움 앞에 초연할 수 있었을까. 강력한 권력 앞에 인간애란 존재할 수 없었을 것이다. '현의 노래' 속 아라의 거친 숨소리가 내 마음을 휘저어 놓아 바삐 전시관을 빠져나왔다. 의식도 현실로 돌아왔다. 다음 유적지로 발길을 돌렸다.

우리는 그 산을 '사자산' 이라 불렀다. 사자가 누워있는 것 같았기 때문이다. 산꼭대기에 '우륵기념탑' 이 있다. 가야금을 만든 우륵을 기념하기 위한 탑이다. '우륵기념탑' 에서 동쪽으로 바라보면 우륵이 태어난 '정정골' 이 한눈에 들어온다. 우륵은 12곡을 지어 가실왕의 총애를 받았다. 지금도 '정정골' 을 지나면 가야금 소리가 귓가에 맴도는 듯하다. 멸망을 눈앞에 둔 조국을 등지고 신라로 투항하기 전 우륵은 어떤 심정이었을까. 그가 마지막으로 연주한 곡의 선율은 어떠했을까. 우륵은 신라에서도 진흥왕의 후광으로 자신의 음악세계를 완성할 수 있었다. 우륵박물관에서 그의 생애와 가야금의 모든 것을 만날 수 있었다.

'정정골' 을 지나 낮은 다리 하나를 지나면 가파른 오르막길이 나온다. 2차선 길을 내느라 깎아서 시려 보이는 산허리가 왼쪽으로 둘러있고, 오른쪽에는 커다란 저수지가 맑은 하늘을 품고 있다. 병목처럼 생긴 그곳을 지나면 너른 촌락이 나온다. 하나의 초등학교와 다섯 개의 동으로 이루어진 골짜기다. 마치 자연인 듯 고요한 그곳은 자연재해도 피해가고, 전쟁의 포탄도 피해가는 곳이다. 그 골짜기 가장 깊숙한 곳에 내가 태어난 곳이 있다. 산 밑 동네라 빛이 들지 않아 '음지마을'로 불려지는 곳이다. 겨울이면 긴 산 그림자가 가장 먼저 찾아와 가장 늦게까지 머물다 가는 곳이다. 모두들 살기 힘든 곳이라 고개 흔드는 그곳을 나는 자석에 끌리듯 찾아가고 그리워한다.

설 연휴가 길었다. 무엇에 쫓긴 듯이 고향집 가서 부모님 뵙고 오기 바빴다. 이번 설 연휴에 내가 태어난 고향을 찬찬히 훑어보고 싶었다. 내게도 연어처럼 모천회귀본능이 있나보다. 당연히 그 곳에 있는 것이라 여겼던 것들이 새롭게 보였다. 대가야의 숨결이 고스란히 녹아 있는 유적을 고향으로 두고도 그 행운을 미처 깨닫지 못했다. 암각화 앞에서 선사시대 조상들의 숨결을 느꼈고, 왕릉전시관에서 찬란한 문화의 끝을 보았다. 우륵기념탑 정상에서 내게로 향하는 가야의 바람을 맞았다. 내 속에 꿈틀대는 뜨거움은 선사시대 삶을 살아온 돌이의 숨결이 아닐까. 44호 고분에서 만난 소녀의 환생은 아닐까. 나도 모르게 불쑥 터져 나오는 신명은 우륵의 가얏고 음율은 아닐까.

세상 한 바퀴 휘 돌고 온 바람과 묵묵히 그 자리 지켜온 흙과 나무는 오랜 세월의 산증인이다. 한때는 염원의 대상이었던 당산나무는 노인들의 쉼터가 되었다. 세상소식 전해주는 바람의 속삭임에 마냥 기다릴 줄 아는 넉넉함이 어른의 너그러움 같다. 아는 이 없는 마을이지만 커다란 그늘에 잠시 쉬어 가고 싶었다. 이젠, 낯선 곳으로도 발을 들여놓을 용기가 생긴 걸까. 부끄러움을 모르는 걸까. 바다로 떠났다 구름 되고 비가 되어 다시 돌아온 물줄기 앞에서 말을 잊는다. 대가야를 걸으며 윤회를 되새김 해본다. 지는 노을을 등지고 회천교 맑은 물에 손을 담근다. 차가운 물살 가슴으로 스며든다.

여행을 떠나듯이

"머리부터 발끝까지 신경을 놓으세요. 마음속의 욕심도 모두 놓으세요 ……."

숨결이 잔잔해 지고, 마음속이 평온해진다. 숲 속 커다란 나무 아래 고요히 있는 듯하다. 크고 작은 고민들이 사라진다. 육체의 피곤함도 사라진다. 미움도 사라진다. 뜻 모르는 산스크리트어로 흘러나오는 음악조차 산소처럼 싱그럽다. 평화를 느끼는 순간, '죽음' 이라는 단어가 떠오른다. 죽음이 이런 느낌이라면 기꺼이 받아들일 수 있을 것 같다. 넓은 매트 위에 십여 명이 누워있다. 요가 수업 마지막 동작이다. 10여분의 짧은 시간이지만, 하루 중에서 가장 깊은 사고를 하는 순간이다. 온전히 나 혼자이고, 온전히 나만을 생각할 수 있는 시간이다.

요가 가지 않는 날, 아이들과 남편이 서둘러 나가고 다시 침대로 들어갔다. 책 몇 장만 뒤척이면 잠이 스르르 찾아온다. 그렇게 단잠을 잘 수 있는 오전은 여유롭다. 화요일 오전, 잠결에 문자메시지 알람을 확인했다. '경아야, 지난주에 갑자기 시어머니 돌아가셨다. 마음아파 죽겠다.' 는 친구의 메시지다. 황급히 통화 버튼을 눌렀다. 몇 번의 신호음을 기다리면서 갖은 시나리오를 떠올리고 있었다. 생각보다 담담한 친구의 목소리에 안심되었다. 심장마비쯤 생각한 내게, 가시면서까지 자식들에게 상처주고 간 어머니가 원망스럽다고 했다. 장남이 이혼하고 둘째인 친구네가 시어머니를 모셨다. 자식들은 뜻대로 되지 않고, 생활도 궁핍한 시어머니는 주위에 노름빚이 꽤 많았다고 한다. 여러 일들이 겹쳐 우울증까지 온 시어머니는 아파트에서 투신했다. 집에 있으니 도리어 더 괴로워 일하러 나왔다는 친구는 상처투성이다.

나는 상상하는 것을 좋아한다. 혼자서 무심히 있을 때, 나의 상상력은 극에 달한다. 특히, 주변에 이런 일이 있으면 삶과 죽음을 생각하게 된다. 초등학교 때는 동네에 초상이 나면 죽음에 대한 막연한 두려움에 자다가 깨어나곤 했다. 나이가 들면서는 죽음이 그리 멀리 느껴지지 않았다. 가까이서 겪어보면서 죽음을 이해하게 되었다. 엄마가 되고는 죽음이 두려운 것이 아니라 엄마 없는 아이들 생각에 죽음을 생각하고 싶지 않았다. 친구와 긴 통화를 끝내고, 커피 한잔을 탔다. 창밖엔 유월의 태양이 여름을 재촉하는 듯 눈부셨다. 잠옷에 세수도 않고 커피 잔을 들고 베란다로 갔다. 11층에서 내려 본다. 내 시선은 한 떨기 꽃잎마냥 아래로 아래로 향한다.

불가항력이란 말이 있다. '사람의 힘으로 어찌할 수 없는 힘이나 사태' 를 뜻한다. 태어남이 그렇고, 죽음이 그렇다. 벼락을 맞거나 지진으로 건물이 무너지는 등의 죽음이라면 어쩔 수 없다. 허나 자신이 스스로 목숨을 끊는다는 것은 이해되지 않는다. 물론, 말기 암환자나 도저히 나을 희망이 없는 불치병의 경우에 죽음을 선택할 수 있는 권리를 주장하기도 한다. 내 친구와 그 가족이 짊어져야 할 상처를 생각하니 그럴 수 없다는 생각이 지배적이다. 차라리 아무도 모르는 곳에 가서 돌아가셨다면……. 죽고 싶을 경우가 있다. 죽는 것이 사는 것보다 더 낫다는 생각이 들 때도 있다. 그러나 이런 마지막은 아니다. 남아 있는 사람에게 지울 수 없는 상처를 주는……. 생각은 꼬리를 물고, 커피는 식어버렸다.

'엘리자베스 타운' 이란 영화를 보면, 여배우가 남편 장례식에서 탭 댄스를 춘다. 장례식을 위해 모인 이들이 그녀의 발랄한 몸놀림을 보며 미소 짓는다. 남편과 함께 했던 시간에 대한 사랑과 감사를 담은 마지막 콘서트였다. 우리의 장례풍습과 거리가 멀고, 영화라는 것까지 감안하더라도 신선하다. 아낌없이 사랑하고, 후회 없이 산자 만이 누리는 축제 같아 부럽기도 했다. 우리나라도 호상이면 상가에 웃음이 넘친다. 아흔 두 해를 사신 시아버지의 초상도 웃음과 눈물이 섞인 공연장 같았다. 시신을 옆방에 안치해 놓고, 웃을 수 있음은 그 삶이 잘 마무리 됐음을 인정하는 것이 아닐까.

인생의 참 모습은 살아있을 때보다 임종을 맞을 때 확실하게 나타난다. '웰 빙' 못지않게 '웰 다잉' 에 관심을 두어야 하는 것도 이 때문일 것이다. 세기의 영웅, 나폴레옹은 사람들이 부러워 할 것은 다 가진 사람이라 할 수 있다. 지배와 소유의 정상에 섰던 그가 죽을 때 '내가 진정 행복했던 때는 단 6일 밖에 없었다.' 고 고백했다. 반면에 헬렌 켈러는 듣지도, 보지도, 말하지도 못하는 삶을 살았지만 '내 인생은 기쁘고 행복한 나날이었다.' 고 회상했다. 그러고 보면 행복의 척도는 권력이나 부가 전부는 아닌듯하다. 안간힘을 쓰며 따라가면 어느덧 더 멀리 달려가는 이들을 볼 땐 갑갑증에 멀미가 난다. 이전보다 더 나은 나날들이지만 채워지지 않는 욕심에 허덕이는 나를 확인할 때가 있다. 주변에 어려운 일이 있어야만 옆을 돌아보게 된다. 그제야 잊고 있었던 만족들과 해후한다. 현재의 나를 받아들이고 내 환경을 긍정적인 시선으로 바라볼 여유를 가진다. 부드러워진 눈빛으로 짙어진 나무 그늘 아래서 바람을 기다릴 틈을 찾게 된다.

수직의 삶을 수평으로 돌리는 여행은 잡다한 생활의 마찰음을 무음으로 돌려놓고 허기진 물질의 갈증을 해소시키기에 충분하다. 나는 여행을 떠날 때 집안을 정리하는 습관이 있다. 멀리, 오래 떠날수록 더 그렇다. 빨래를 하고, 말린 옷은 개어 각자의 서랍에 넣고, 싱크대도, 욕실바닥도 닦는다. 여행에서 돌아왔을 때, 정돈 된 집은 다시 일상으로 돌아가야 하는 서글픔을 달래주기에 나름 터득한 삶의 방식이다. 집착 같은 이 행동이 나를 힘들게 하지만 매번 집을 떠날 때마다 되풀이하게 된다. 가방을 들고 나서기 전에 집안을 한 바퀴 둘러본다. 내 눈에 들어온 집안의 모습이 흡족해야 여행을 가볍게 즐길 수 있다. 내 삶의 마지막도 그랬으면 좋겠다. 계획된 여행을 준비하듯 잘 정리되었으면 한다. 내 떠난 자리에 다시 누군가와도 서글프지 않았으면 한다. 떠난 사람보다 남아있는 사람의 고통을 알기에 나는 일찍 철이 들었나보다. 어느 날, 홀연히 죽음이 찾아오면, 문 앞에 서서 주~욱 둘러보고 싶다.

아름다운 여행을 떠나듯이…….

허공을 휘젓다

술을 마신다. 오늘밤은 취한 말만 하기로 한다. 날카로운 이성을 마비시킬 수 있도록 술을 마신다. 목을 타고 내려가는 소주의 짜릿함이 혈관을 한 바퀴 돌자 감성이 살아난다. 취하고 있는 것이다. 잠든 말들이 깨어난다. 진실의 언어다. 닫혔던 마음이 열려진다. 진실의 몸짓이다. 수십 년 묵묵히 지켜온 친구는, 현실의 잣대로 기준을 정할 수 없는 천금 같은 존재다. 마주보는 눈빛만으로도 따뜻함이 전해지고, 툭 던지는 말 한마디로 웃음이 자르르 퍼진다. 맘껏 마셔도 되는 자리, 취해도 되는 만남이다. 아니, 내가 취하고 싶은 만남이다.

백열등의 희멀건 빛도 찬란한 조명이 되는 시간이다. 실패한 요리사가 내놓는 그저 그런 요리도 일류가 되는 시간이다. 가슴 깊이 묻어 둔 추억이 보석으로 빛나는 깊어가는 밤, 그리움의 샘은 철철 넘쳐 그리움이 그리움을 낳는 밤이다. 그리운 언어들이 허공을 휘젓는다. 누구에게도 궁금치 않았던 나의 유년이 친구의 유년과 만나 비로소 생기를 되찾는다. 추억을 공유한다는 것, 얼마나 행복한가. 그 누구도 흉내 낼 수 없는, 그 어떤 대가를 치른다 해도 가질 수 없는 너와 나의 추억.

깊어가는 밤, 취한 언어 속에 되살아난 추억으로 현재의 나는 존재감을 느낀다. 지금 이 순간을 부여잡는다. 너와 나의 또 다른 추억이 되어 먼 후일 이 자리에 불러낼 든든한 끈이 되기에……. 나는 그렇게 또 너를 묶어 두고 싶다. 내 삶 속에, 내 추억 속에, 영원히!

꽃이 진 뒤

곤충을 잡아 먹고사는 식충식물이 있다. 이 식물은 잎에 곤충이 앉으면 잎 양쪽이 서로 포개져 곤충을 잡는다. 그리고 먹이가 소화되고 나면 다시 열린다. 잎을 벌리고 있는 모양이 먹이를 포착하는 악어의 입과 사뭇 비슷하다. 날카로운 가시들 사이로 빨건 이파리를 보노라면 식물에 분류된 연유가 궁금해진다. 파리지옥, 이름만 들어도 이놈의 성깔을 짐작 할 수 있다. 동생네 거실 한쪽에 파리지옥이 잎을 쩌~억 벌리고 있다.

제주도 여행 때 여미지에 갔다가 식충식물을 봤다고 한다. 신기함에 발을 떼지 못하는 아들 녀석이 키우고 싶다고 성화여서 비행기에 태워 온 식물이란다. 대부분 사내아이들이 그렇듯 동생네 아들도 호기심이 많다. 온갖 곤충을 키우는 통에 동생은 골머리를 앓는다. 파리지옥의 먹이를 책임지던 녀석이 하굣길에 개미 한 마리를 잡아왔다. 개미는 만 종류 이상이라 그 크기나 습성이 다양하다. 꿀단지 개미처럼 작고 앙증맞은 모습과는 달리 검은 철갑옷을 입은 이 개미는 외모부터 무시무시했다. 용감한 조카도 커다란 개미를 손으로 집기가 두려웠던지 젓가락으로 간신히 집어서 파리지옥 잎 앞에 가져갔다. 낼름 받아먹을 거라 여겼던 예상과는 달리 파리지옥의 입은 그대로였고, 젓가락속의 개미는 거실 바닥에 떨어졌다. 조카는 엄마에게 꿀밤을 먹으며 실종된 개미를 온 집안을 찾아 헤맸다. 호기심 많은 아들 키우기 힘들다는 동생의 넋두리는 여기까지다.

그 순간 나는, 혼난 조카보다 미끌미끌한 마룻바닥을 쓰러지듯 도망쳤을 개미에 대한 안스러움이 먼저 떠올랐다. 한 때는 모래더미 속에서 강자였을 개미의 신세가 측은하게 느껴졌다. 사람의 자리도 이와 같지 않을까. 가족을 위해 열심히 일하고, 생활의 책임졌을 때는 가장으로서 군림했을 것이다. 삶의 뒤안길에서 밀려난 뒤부터는 소외의 대상이 된다. 프란츠 카프카의 '변신' 속의 그레고르도 그랬다. 외판원으로 일하며 능력을 인정받을 때는 사장도, 가족도 그에게 호의적이었다. 어느 날 자고 일어나보니 벌레로 변신해 버린 그레고르, 그는 자신의 상황을 이겨내려 했다. '과로 때문 일거야, 자고나면 괜찮아 질 거야.' 라고 스스로 위로했다. 그러나 '고마운 아들, 네 덕에 산다.' 던 그레고르의 가족은 그 날부터 달라졌다. 방문

안으로 음식 그릇을 밀어 넣는 것이 전부였다. 식탁에서의 외면은 달라진 그의 처지를 말해주었다. 산업사회의 발달로 인한 인간의 소외를 다룬 '변신' 이 90년이 지난 지금에도 사랑받은 이유는 여기에 있지 않을까.

오랜만에 서문시장에 갔다. 철이 바뀌니 생활에 필요한 것이 많았다. 주차는 달성공원 담벼락 흰색선 위에 했다. 요금이 싸기 때문이다. 양손 가득 물건을 들고 차로 갔다. 아이들 어릴 적에 부담없이 나들이 했던 곳이라 짐을 차에 두고 한 바퀴 돌았다. 여전했다. 동물원의 명맥을 이어가기 초라한 공원에는 동물보다 더 많은 노인들이 있었다. 재활용품에 분류될 정도의 중고 물품을 파는 사람, 옛 서적을 내다 파는 사람, 사주궁합 봐 주는 사람, 모두 노인이었다. 그리고 대부분 남자였다. 주머니 사정이 여의치 않으니 잔 술파는 실비집도 그 곳에서는 볼 수 있었다. 돼지 껍데기 한 접시에 막걸리 사발이 만찬인 듯 껄쭉하게 웃는 웃음도 그 곳에서는 볼 수 있었다. 구릿빛 피부 속에 깊게 패인 주름은 삶의 굴곡을 대신하고 있었다. 저마다의 사연보따리를 안고 와 있으리라. 한 때는 삶의 중심에 서 있었을 그분들, 달려가 사연을 묻고 싶어졌다.

개미의 신세도 그렇다. 하필이면 조카 녀석의 눈에 띄여 삶이 달라졌다. 그 상황은 개미의 오만감일 수도, 조카의 집요함일 수도 있다.

개미와 조카의 잘못된 만남으로 개미의 삶은 무리에서 떨어지게 되었다. 예측할 수 없는 우리의 삶도 아차 하는 순간에 달라질 수 있다. 사람도 각자의 역할이 있다. 역할에 충실해야만 인정받고 대접을 받는다. 능력이 있을수록 누리는 혜택은 많다. 누구나 자유롭고 평등한 민주주의 국가지만 비민주적 요소가 내재되어 있는 것은 부인할 수 없다. 누구나 자유롭고 싶으나, 생활의 틀에 매여 자유롭지 않고, 누구나 평등하고 싶으나 경제력에 의해 새로운 계급이 생겨난다. 우리는 이성을 가진 인간이기에 함께 살아야 한다는 생각이 앞서지만, 내 살기에 급급해 늪 같은 모순들 속에서 허우적거리고 있다. 돌아오는 내내 우울의 늪에 빠진 나를 보았다.

늙기도 서러울 텐데 삶의 뒷길에 밀려난 그분들의 모습이 아른거린다. 아롱아롱 피어나는 몽상 속에 노인이 된 내가 있다. '이건 아니야.' 라며 고개를 젓는다. 나만은 예외라고. 우아한 노년, 대접받는 노년을 위해, 나의 역할에 얼마나 충실하냐고 되물어본다. 개미도 자신이 어느 날, 낯선 거실바닥에 툭 떨어질 줄 어찌 알았을까. 달성공원 돌담 옆의 노인들 역시 자신의 노년을 그 곳에서 보내리라 예상치 못했을 것이다. 생명 있는 모든 것은 소멸한다. 자연으로 돌아가기 위한 시듦이다. 꽃 진 뒤 열매 맺듯이…….

땡큐! 조용필

눈앞에 대구 스타디움의 하얀 지붕이 보이기 시작했다.

우와~ 동생의 함성이 터졌다. 두 팔 벌려 환영하는 듯 친근함이 물씬 풍겼다. 오늘은 누구를 끌어안을까. 전 세계인을 한 지붕 안에 포용한다는 의미의 스타디움 지붕은 지구의 이미지를 형상화하고 있다. 좁은 자동차 공간을 메우는 조용필의 노래는 마음을 달뜨게 했고, 2년 전 공연의 감동을 기억해 내며 곧 이어질 공연의 기대로 가득 찼다. 그 순간 우리의 공연은 시작되고 있었다.

세월이 익을수록 자매는 친구 이상의 끈끈한 유대감이 생긴다. 삶 속의 모든 것을 공유하고 공감하며 극도의 친밀감을 만들어 간다. 감추고 싶은 속마음까지 드러내도 묻혀 지는 것이 자매다. 여섯 살 위의 언니와 네 살 아래의 동생을 둔 나는 늘 서러운 둘째라 한다. 동네 어른들이나 오랜만에 만나는 친척들은 언제나 맏딸인 언니만을 기억하고 찾는다. 막내인 동생은 귀여움을 많이 받았다고 생각했다. 그런데 이야기를 해보면 언니는 맏딸로서 엄마와 함께 고생을 했기에 엄마의 힘겨움도 아픔도 잘 알고 있었다. 그만큼 고생도 함께 했다. 동생은 모두 도회지로 떠난 시골집에서 살림꾼 노릇을 했다고 한다. 부모와 자식과의 관계에서도, 형제 자매 관계에서도, 서로의 경험과 추억이 다름을 확인하게 된다.

고등학교를 대구로 유학 오면서 언니, 오빠가 자취하는 방에 합류했다. 당연히 가장은 언니였다. 늘 어리숙한 나는 도시 생활 적응하는데도 시간이 많이 걸렸다. 학교 준비물을 챙기지 않아 출근길 언니를 재촉하기 일쑤였다. 그러면 언니는 재바르게 쥐어주고 갔다. 준비물에 바나나 우유나 먹을 것을 하나씩 넣어서 말이다. 늘 상냥했던 언니는 내 친구들에게도 인기가 좋았다. 나는 그런 언니가 있어 좋았다. 얼큰한 짬뽕 국물이 먹고 싶으면 머리가 아팠고 그러면 언니는 사주었다. 엄마께 부리지 못한 어리광을 언니에게 부리며 고등학교를 다녔고, 대학 때는 결혼한 오빠와 함께 살며 올케를 그렇게 의지했다. 그때는 그것이 언니를 힘들게 했으리라 짐작치 못했다. 내가 살림을 살고 자식을 키워보니 동생에게 그렇게 하기란 쉽지 않음을 알게 되었다. 그래서 언니에게 잘하고 싶었고 지금도 잘하고 싶다. 그러나 언니는 항상 나보다 위에 있었다. 내 일과 자식밖에 챙길 줄 모르는 나와 달리 언니는 가족을 두루 생각했다. 언니 가슴속의 가족은 전체를 아우르는 것이었다.

그러던 언니가 뿔이 났다. 자신의 지난 시간이 억울하게 느껴졌다. 행복한 희생이었는데 그 희생은 늘 혼자여서 외롭고 억울했다. 그 서러움이 세월 시나 현재에 불쑥 찾아와 언니의 마음을 뒤집어 놓았다. 더 속상한 것은 그 희생을 당연하게 생각하는 나 때문에 더 야속 했을 것이다. 언니의 몸이 아프고, 현실이 힘겨워도 모두들 자신의 살림살이에 바빴다. 동생의 그런 이기심에 언니는 마음의 상처를 입었을 것이다. 언니만큼 생각이 미치지 못하는 나는, 뿔난 언니의 마음이 풀리기를 기다릴 뿐 달리 무엇을 어떻게 해야 할지 몰랐다. 그런 내가 한심하기만 했다. 해결책도 내 놓지 못하면서 마음만 나락으로 추락했다. 더불어 우울했다. 언니와 함께.

그 우울을 단숨에 거둘 묘안이 생겼다. 우리 자매가 열광했던 '조용필 콘서트' 가 있었다. 동생과 티켓을 예매한다고 하니 부산에 사는 언니도 함께 가겠다고 했다. "나이 들면 동생들이 끼워주지 않을까봐." 라고 했지만, 내심 동생들의 열정에 끼여 우울한 마음을 날리고 싶었을 것이다. 입장이 늦어져 공연 시간이 지연된다는 안내방송이 나왔다. 물을 마시며 곧 이어질 공연을 기다렸다. 조율을 맞춘 스피커와 조명들이 담담히 서 있다. 검은 신사의 파장을 타고, 화려한 드레스의 반짝임으로 완성될 축제의 숨은 공신들이다. 그리고 공연은 시작되었다.

그것은 소나기였다. 그의 음악에 흠뻑 젖어 함께 노래하고 춤추었다. 감동이라는 거대한 소나기에 젖어 40년 팬은 40년 전으로, 20년 팬은 20년 전으로 돌아갔다. '단발머리' 를 따라 부르며 단발머리 소녀로 돌아갔다. 그리고 소나기처럼 말끔히 씻겨 지는 앙금을 느꼈다. 스트레스는 시원한 밤공기에 날아간 지 이미 오래다. 아니 스타디움에 들어서는 순간 꼬리를 감춰버렸다. 시간을 돌려놓은 추억의 타임머신을 타고 음악 하나로 세대를 넘나들고 주민번호를 잊게 했다. '현실의 무거운 짐진자들아, 여기 잠시 내려놓아라. 그리고 이 순간을 영원히 우리들의 푸른 꿈 오오오~' 미지의 세계로 떠나는 우리는 모두 청춘이었다. 노래로 하나 되는 그것은 마법이었다. 거역할 수 없는 마법. 아니 거역하고 싶지 않은 마법이었다. 마법에 걸린 세 자매의 합창은 유월 밤하늘에 울려 펴졌다.

그는 작은 거인이였다. '키 작은 세 거인' 이라면 나폴레옹, 베토벤, 칸트를 지칭한다. 프랑스혁명을 성공으로 이끈 나폴레옹이 말을 타고 예나로 입성하는 모습을 보고, 헤겔은 '나는 말 위에 탄 세계정신(나폴레옹)을 보았다.' 고 했다. 청각을 잃고도 작곡을 하고 불후의 명곡을 남긴 베토벤. 그가 산책을 나서면 시계를 보지 않고도 3시

30분임을 알 정도로 놀랄만한 의지력, 철저한 시간 배정으로 학문에 만 몰두하여 이성혁명을 이룬 칸트. 키 작은 그들을 역사는 거인이라며 존경의 뜻을 나타냈다. 그만큼 이룬 업적이 높기 때문이리라. 그러나 유럽편향적인 기준이 아닐까. 낮의 열기를 식히고 남은 여유로운 바람의 살가움이 피부를 간질이는 토요일 밤, 나는 대구스타디움에서 무대 위에 선 음악의 세계정신(조용필)을 보았다. 나는 헤겔처럼 관념론을 완성시킨 철학자도 아니다. 그리고 조용필은 나폴레옹처럼 혁명을 이끈 영웅도 아니다. 하지만 그 순간 그 곳에 함께 한 이들은 알 것이다. 그가 음악으로 보여준 하나됨을!

노래하고 춤추며 언니를 힐끔힐끔 보았다. 웃고 있었다. 첫 곡부터 빠져든 나와 동생과는 달리 천천히 음악에 빠지고 뜨거운 열기에 하나 되고 있었다. 신났다. 해법을 찾을 수 없어 고민했던 지난 시간이 부질없음을 느꼈다. 야광봉을 흔들며 노래하는 언니, 그랬다. 인생에서 가장 아름다웠던 스물 언저리의 언니가 그곳에 있었다. 재주 많고 신명 많아서 인기 많았던 언니였다. 퇴근할 때의 발그레 상기된 언니의 뺨이 참 예쁘다는 생각을 했었는데 그 모습이 콘서트장에서 다시 나타났다. 때로는 일상을 탈출해서 즐기는 것, 인생의 참 모습을 볼 수 있는 계기가 된다. 주관적 사고에 젖어 오류를 범하던 자신이 마치 타인처럼 객관화되기도 한다. 그렇게 타인 보듯 나를 보고, 나를 보듯 언니를 보았다. 언니와 잘 왔다는 생각이 나를 더 행복하게 했다. 다정다감하지 못하고 주변머리 없는 나의 마음이 음악과 함께 전해지길 기도했다.

우리의 삶에 '음악' 이 없다면 얼마나 끔찍할까. 초록빛 잃은 유월 숲을 상상할 수 없듯이 음악은 공기만큼 절대적인 그 무엇이다. 때론 주위를 꽉 채운 공기의 절대성을 잊고 지내듯 삶의 활력을 주는 음악을 잊고 지내기도 할 것이다. 그러나 공기가 없으면 숨 쉴 수 없듯 음악이 없으면 생기를 잃을 것이다. 단 한 명의 게스트 없이 노래만으로 승부 거는 그의 가창력, 지치지 않는 열정, 불러도 불러도 끝이 없는 노래들. 조용필의 음악인생 40년. '메아리 소리가 들려오는 계곡 속의 흐르는 물 찾아 여행을 떠나자' 를 외치며, 'The history 킬리만자로의 표범' 은 그렇게 막을 내렸다. 세 자매의 음악으로의 여행도 끝이 났다. 마치 마법의 열차를 타고 과거로 여행을 다녀온 듯.

공연이 시작되면서 한 번도 내린 적이 없는 팔로인해 어깨가 뻐근하고 다리도 아팠다. 하지만 가슴에 벅찬 감동은 꿈과 함께 띄운 풍선처럼 부풀었다. 다음 공연을 이야기하는 동생의 목소리는 생기 넘쳤고, '집에서 텔레비전으로 보면 되지. 비싼 입장료 주고 가냐.' 던 언니도 이미 다음에 함께 할 것을 약속했다. 살맛나는 밤이었다.

하나의 부모에게서 피를 나눈 세 자매가, 세 가정을 이루며 다른 길을 가다, 콘서트라는 매개체로 하나의 길 위에서 만났다. 세상 어떤 난관도 함께하리라 마음의 끈을 동여매었다. 피만큼 찐한 감동으로. 맥주잔을 부딪치며 뒤풀이 하던 세 자매는 꽉 잠긴 목소리로 건배를 한다. 땡큐! 조용필.

처음처럼

친구가 왔다. 늦은 저녁에, 아니 이른 밤이다. 그런데 정말로 반갑다. 현관을 여는 순간 환환 웃음자락부터 안기며 친구가 왔다. 옷자락에 찬바람이 묻어있다. 만남을 기뻐하는 하이파이브를 하며 친구는 성큼 들어섰고 한 손에는 집에서 키우던 나비 난을 분갈이 한 화분이 들려있다. 팔월 어느 주말, 친구 집에서 모임 할 때였다. 신천대로와 금호강이 내려다보이는 친구네 베란다에 하얗게 핀 꽃이 예뻤다. 친구 사는 모양새처럼 화려하지도 않고 순수했다. 몇 번이나 예쁘다했더니 촉을 나눠 새 화분에 옮겨 키웠다고 한다. 새순이 돋은 연둣빛이 내 집 거실을 푸르게 한다.

친구가 왔다. 또 한명이. 그 손에는 시집이 들려있다. 쉬는 날 서점에 가 시집을 샀는데, 시를 읽으며 내 생각 했다고 한다. '좋은 글, 좋은 책을 보면 왜 네 생각을 하게 되는지……. 앞으로 너의 책을 이렇게 미소 띠며 읽을 날을 그려보며, 작지만 이 한권이 네게 작은 거름이 되었으면 해' 시집 이면지에 적힌 친구의 편지가 시보다 더 나를 감동시켰다. 나는 넘치는 행복을 주체 할 수 없어 웃고 또 웃었다. 도자기 잔에 메밀을 우려 마시면서도 취한 듯 감성이 넘실대었고 주고받는 말들이 시가 되어 허공을 채웠다.

은영과 명희. 내 오랜 친구다. 삭막한 고3 교실에서 처음 만난 우리는 서로의 존재만으로도 풍요로웠다. 고3 스트레스는 우정이란 이름으로 언제나 뒷전이었고 넘치는 이야깃거리로 하루가 모자라 밤늦도록 교환일기를 쓰고 다음날 학교에서는 쪽지를 주고받았다. 하루의 절반이상을 학교에서 보내던 그때는 친구가 전부였다. 방송부 부장이었던 은영이는 야간자습 쉬는 시간에 그 당시 히트곡인 조용필의 '킬리만자로의 표범' 을 틀어 13개 반을 흥분의 도가니에 빠지게 했다. 음악 트는 것이 금지였고 대중가요는 더욱이 상상할 수 없는 상황이었다. 쇼생크 탈출의 앤디가 교도소에 '피가로의 결혼' 을 틀었을 때의 감동에 비한다면 지나친 과장일까.

명희와 은영이는 독신이다. 그래서 둘이 같이 산다. 남편이 없어도 자식이 없어도 외롭지 않다. 기러기처럼 서로 의지하며 산다. 은영이와 명희는 내 아픔을 자신의 아픔처럼 함께 해준 친구다. 내가 가장 힘들 때 곁에서 노래가 되어 준 친구다. 내 작은 기쁨에 달려와 큰소리로 웃어주는 친구다. 우리는 비가와도 보고 싶고, 계절이 바뀌어도 보고 싶다. 된장찌개에 겉절이만 있어도 맛나게 먹어주는 친구다. 영순, 영미, 옥자, 혜영과 함께 23년 함께 달려온 은영과 명희는 나의 거울이다.

친구가 갔다. 깊어가는 밤에, 아니 이른 새벽이다. 무척이나 아쉬워 조금뿐인 과일껍질 버린다는 핑계로 친구를 따라 나섰다. 친구는 밤바람에 어깨 움츠리는 내게 들어가라 하고, 나는 어서 가라하며 한참을 실랑이 했다. 고양이 눈 닮은 전조등 불을 따라 모퉁이 돌아가는 모습을 보고서야 발길을 돌린다. 헤어지는 뒷모습은 쓸쓸하기 마련인데 혼자가 아닌 둘이라 따뜻하다. 텅 빈 공간을 돌아본다. 거대한 아파트 숲이 잠들고 경비실의 희미한 불빛만이 졸고 있다. 어둡지 않은 것은 가로등 때문만이 아니다. 달 관찰하는 초등3학년 딸의 관찰지에 달이 서쪽으로 그려져 있다. 보름이 며칠남지 않았지만 내 마음에는 이미 보름달이 떴다.

현관문 비밀번호 누르는 소리에 잠든 가족이 깰까 아주 천천히 하나씩 누른다. 도자기 잔을 씻고 닦는데, 친구 앉은 자리에서 친구 목소리 들리는 듯하다. 그 옆에 앉아 웃는 친구의 고운 잇몸도 보인다.

졸졸 흐르는 수돗물 소리에 중얼중얼 대답한다. '나 니들이 있어서 너무 행복해.' 신경림의 '소리 내어 읽고 싶은 우리시' 라는 부재가 달린 '처음처럼' 이란 시집을 들춘다. 친구들이 좋았다는 시를 소곤거리듯 읽어본다.

막힌 하수도 뚫은 노임 4만원을 들고
영진설비 다녀오라는 아내의 심부름으로
두 번이나 길을 나섰다
자전거를 타고 삼거리를 지나는데 굵은 비가 내려
럭키슈퍼 앞에 섰다가 후두둑 비를 피하다가
그대로 앉아 병맥주를 마셨다
멀리 쑥국 쑥국 쑥국새처럼 비는 그치지 않고
나는 벌컥벌컥 술을 마셨다

가난한 시인의 삶이 내 삶과 겹쳐진다. 친구의 삶과 겹쳐진다. 그리고 우리는 하나의 마음이 된다. 가난해도 내가 행복한 이유다. 시를 읽는 친구가 있고 그 시가 좋아 함께 읽고 싶다는 친구가 있는 한 나는 행복할 것이다. 처음 만나 마냥 좋았던 그때처럼 우리는 지금도 좋다. 먼 훗날 그때도 좋을 것이다. '처음처럼'

국화를 닮고 싶다

왠만한 무게는 거뜬히 지탱할 것 같은 튼튼한 책장 속에는 각종 책들이 가득하다. 나는 세로로 줄 지어 번호까지 맞춘 가지런한 책장을 좋아한다. 하지만 늘어나는 책을 정해진 책장에 꽂아두기엔 공간이 부족하다. 어느 틈엔가 세로로 선 책 위에 가로로 포개진 책들이 격자모양을 연출한다. 어지럽다. 내 마음 같다. 역사책은 여기까지, 시집은 저기까지……. 분류하고 목록까지 작성하여 관리하던 그 정성을 어디에 쏟아 붓고 있는지. 책장이 혼란에 빠졌다. 나도 혼란에 빠졌다.

한 아름 안고 들고 온 책과 자료들을 '아리수' 위에 내려놓는다. 그리고 '아리수' 위에 벌렁 누웠다. '아리수'는 소나무로 만든 좌탁의 이름이다. 정해진 이름이 있는 사물이지만 내게 오면 몇 시간 이내에 고유명사가 하나씩 붙게 된다. 재작년 가을에 나와 인연을 맺게 된 '아리수' 는 아끼는 물건 중 하나다. 나무결이 살아있어 자연을 느낄 수 있다. '아리수' 는 한강의 옛 이름이다. '우리 역사의 젖줄인 한강처럼 지식의 물줄기가 이어지는 곳' 이라는 뜻으로 지었다. '꿈보다 해몽' 이라고 나의 설명에 수업 오는 제자들도 꽤나 아낀다. 샤프로 홈을 파거나 상처를 내던 아이들도 벌컥 화를 내는 고약한 선생의 성질을 더 보고 싶지 않은 탓에 아끼는 척하기도 할 것이다. 수업하고, 걸터앉고, 때론 누워 낮잠도 자는 '아리수' 의 용도는 다양하다.

'아리수' 에 누워 하루를 되돌아본다. 한 주를 되돌아본다. 엄마로, 아내로, 선생으로, 친구로 보낸 내 모습이 스쳐간다. 만나는 사람에 따라 맞춤 역할을 하는 나의 하루, 가끔은 낯설기만 하다. 여유를 잃어버린 마음자리엔 뾰족하게 날이 선 신경만이 남았다. 훌쩍 떠나고 싶다. 떠날 수 없는 현실을 알기에 더 예민해진다. '휴~이렇게 살아야 하나' 라며 중얼거리던 나는, 반짝이는 생각에 마음이 분주해진다. 책장과 나란히 앉아있는 '아리수' 를 창 쪽으로 옮겼다. 햇볕을 봐야하는 인삼벤자민 큰 것, 작은 것, 꽃기린, 산호수, 이중창틀에 소복히 핀 베고니아까지 동참했다. 눈에 거슬리는 선풍기, 청소기, 이젤 위에 얹은 보도판은 베란다로 추방시켰다. 이젤에 가렸던 음지식물들이 한눈에 들어왔다. 작은 나무토막을 엮어 만든 울타리 속에 제각각 초록빛을 내는 산세베리아, 스팟트 필름, 스킨, 풍란이 작은 숲을 이룬다.

거실 등(燈)을 끄고 창 쪽의 할로윈 등(燈)을 켰다. 불그스럼한 빛이 첫 데이트하는 소녀마냥 황홀하다. 사뭇 자극적이기까지 한 풍경에 스스로 흡족해한다. 열어 놓은 베란다로 보이는 까만 하늘은 손바닥만 하다. 그 속에서도 하늘이 보여 좋다. 날카로워진 마음자리가 무뎌지고 있다. 떠나고 싶은 내 마음, 난 이미 떠나왔다. 불과 몇 발짝이지만, 깊은 산중에라도 온 듯 정갈해진다. 삶의 격전지 같았던 도심의 아파트도 잠든 깊은 밤, 간간히 지나가는 자동차만이 사연 찾아 달린다. 모두가 세상살이에 지친 몸을 누이는 한밤중을 은밀히 즐긴다. 먼 하늘에 간신히 찾아낸 별빛이 희미하다. 태고적 전설을 들려주듯 까마득하다. 팔공산 자락에서 불어오는 바람에 가을을 예감한다. 혹, 이 소리는 귀뚜라미소리가 아닐까. 환청일지라도 즐기련다. 은은한 국화향이 코끝에 맴돈다. 나의 작은 뜰에 고운 사연 한 자락 간직하고픈 밤이다.

내일은 일요일. 늦잠자도 된다는 이유만으로 시간을 더 얻은 듯 여유롭다. 메밀차를 한 잔 타 창가로 옮긴 '아리수' 앞에 앉는다. 노트와 가장 아끼는 펜을 꺼냈다. 모두가 공감하는 글, 힘든 삶에 작은 휴식 같은 글 한편 써보리라 다잡아본다. 첫 문장도 쓰지 못했는데 찻잔은 비었다. 다시 물을 끓이러 부엌으로 가다 키다리처럼 내려다 보는 시계를 올려다 본다. 새벽 1시가 훌쩍 넘었다. 가스렌지에 불 올리고 돌아서는 내게 시계가 꾸짖는 것 같다.

"폼 그만 잡고 잠이나 자!"

작품 같은 전원주택에 작업실 갖춘 유명한 작가들이 부러웠다. 그런 환경이면 더 좋은 글이 나올 것 같기도 했다. 흉내지만 허영에 찬 내 마음이 와르르 무너진다. 혼자서 분위기 잡고 글 쓰겠다던 마음은 부끄러움으로 물든다. 긴 하품과 함께 참았던 피곤이 달려온다. 잠시 떠났던 짧은 여행에서 돌아왔다. 소나기처럼 빗금이 쳐진 딸의 수학문제집 이면지를 습작노트 삼고, 모나미 펜을 찾아 침대 위에 거꾸로 눕는다. 채널 42번을 켜 TV보며 작품을 구상한다.

재미있는 프로가 있으면 그곳에 넋 놓고 있다. 그러다 잠이 쏟아지면 '바람과 함께 사라지다'의 스칼렛처럼 중얼거린다. '내일은 내일의 태양이 뜨니 내일 생각하자.' 마음에 들지 않지만 글 쓰는 나의 현주소다.

한밤중의 헤프닝이지만, 포상처럼 주어진 나만의 공간, 나만의 시간이었다. 여유는 주어지는 것이 아니라 스스로 만든다는 것을 깨닫는다. 그랬다. 나의 힘겨움은 나를 성찰할 수 없을 때였다. 굳이 여행을 떠나야만 된다고 여겼던 것은 여행에서는 고요히 나를 성찰 할 수 있기 때문이다. 아끼는 '아리수' 위에서 짧은 여행을 떠났다. 뒤죽박죽 엉킨 마음이 풀린다. 풀려나간 그 자리에 새로운 마음이 자리 잡는다. 값비싼 향수보다 더 값진 국화향이 머문다. 국화의 무수한 꽃잎이 내 앞에서 흩날린다. 송이마다 새겨지는 그리움이다. 사랑이다. 올 가을엔 국화를 닮고 싶다.

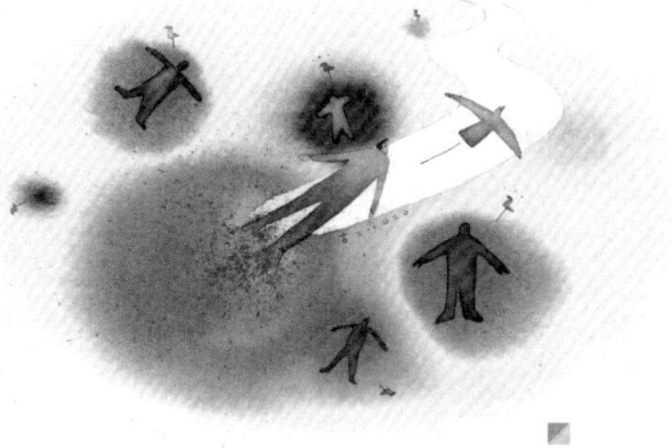

발문

물어라, 끈질기게 물어라

문 무 학 (문학평론가)

1

정아경(鄭我慶), 내가 처음 그를 만났을 때는 정경아(鄭慶兒)였다. 영진전문대학 부설 평생교육원 독서지도사 양성반에서 나는 강사로, 정경아는 수강생으로 그렇게 만났다. 그것이 98년이니 벌써 10년 세월이 흘렀다. 알고 보니, 첫 대면이라 해도, 우리 고향 사람이었고, 초등학교 후배였다. 그렇게 세월은 흘러갔다. 독서지도사 수업을 받은 수강생들이 일년에 한번 정도 모이는 모임에 나를 초대해서 만나는 일이 있었다.

그러다가 2006년 봄쯤의 어느 날 정경아가 끼인 몇 명이 수필 공부를 해보고 싶다고 내게 가르쳐 달라고 졸랐다. 어쩌다 승낙했고, 매주 만나 수필을 생각했다. 처음엔 다섯 명이 시작을 했다가 성질 나쁜 선생의 패악을 이기지 못하여 몇 명이 중도하차했고 들락날락한 사람도 있었지만 지금까지 공부를 계속하고 있는 세 사람 중 한 명이다.

매주 수필 한 편씩 써와서 토론하는 형태로 시작한 수업, 말이 그렇지 일주일에 한 편씩 쓰기가 그리 쉬운가. 그런 지독한 공부 덕분이겠지만 수필전문지 '에세이스트' 에 보낸 첫 작품이 신인상을 수상하게 되었다. 그것도 다음과 같은 칭찬을 받으면서,

"정아경의 문장은 문맥의 고조가 분명하고 호흡이 유연하다. 이미 문장의 도를 어느 정도 이룬 중견작가의 필치에 조금도 뒤지지 않는다. 응모작 5편을 단숨에 읽었고, 그 필력에 감탄을 했다. 그 중에서 당선작을 선정하

기란 쉽지 않았다. -중략- 이 새로운 작가의 출현이 기쁘다. 그와 함께 문학을 논하는 일은 즐거울 것이다." -에세이스트, 2007년 7.8월호 심사평에서-

이리하여 그는 수필가가 되었고, 문단에 이미 같은 이름의 수필가가 있어서 내가 아경이라는 필명을 주었다. 경아가 아경이 된 것은 그런 까닭이고, 젊은 나이지만 남이 겪지 않은 어려움을 이겨내기도 했고, 누구 못지않게 열심히 사는 그의 모습에서 그녀만의 기쁨이 생성되기를 바라는 나름대로의 의미를 붙였다. 이제는 정아경, 내가 가르칠 수 있었던 정경아가 아니고, 내가 가르칠 수 없는 정아경이 되었다.

정아경은 등단하자마자 사고를 쳤다. 대구광역시 문예 진흥 기금, 젊은 예술가 창작활동지원금 수혜자로 뽑힌 것이다. 작품을 제출하여 심사를 받았고 출판비를 보조받게 된 것이다. 등단하고 곧장 책을 내는 것이 바람직한 일로 보기 어렵지만, 정아경의 수필집이 세상에 빨리 나오게 된 것은 그런 연유가 있는 것이다.

마흔 한 편의 수필이 실린 이 작품집은 정아경 영혼의 자식이다. 이 작품집에서 독자들은 인생을 관조하는 넉넉한 여유를 만나기는 어려울지 모른다. 그러나 풋풋함을, 의지를, 희망을 읽어낼 수는 있을 것이다. 조금은 서툴고, 조금은 어색한 듯한 글의 풍경을 만날지도 모른다. 그러나 정아경은 이제 출발선상에 선 수필가이고, 그의 수필은 그야말로 일취월장 완숙의 경지로 치닫고 있다.

"나에게 묻다" 라는 다분히 철학적인 제목을 달고 태어나는 이 수필집은 4부로 나누어 나, 가족, 사회, 예술에 대한 작품으로 분류되어 있다. 책 제목이 상징하는 바가 적지 않다. 수필을 쓰는 일, 그것이 바로 끊임없이 나의 존재가 무엇인지 물어가는 것이기 때문이다. 따라서 수필집의 제목이 그의 작업방향을 어느 정도 암시하고 있는 것으로 볼 수 있다.

2

제1부의 '나이를 후무리고 싶다' 는 정아경이 스스로 삶에 대한 끝없는 의문을 제기하는 내용들로 엮어져 있다. 삶에서 가장 중요한 것이 무엇이냐고 물을 때, 너무나 중요한 것이기 때문에 순위에서 오히려 빠져버리는 것. 즉 '자기 사랑' 에 대한 대답을 찾고자 하는 의식들이 담겨 있다.

몽테뉴는 그의 수상록에서 "나는 결국 내가 궁지에 빠졌을 때 내 일은 나 자신에게 의탁하는 것이 제일 상책이라고 생각하게 되었다. 사람은 무슨 일에 있어서나 남의 도움을 바랄 뿐이지 자기 스스로의 도움에 의탁할 마음은 적다. 그러나 남의 도움이라는 것은 늘 확실치 못한 것이다. 작은 대로, 부족한 대로, 가장 확실한 것은 나 자신 속에서 찾은 힘이다. 나는 내 몸을 나의 마음에 맡기는 것이 무엇보다도 확실하고 안전한 것임을 깨닫게 되었던 것이다." 라고 썼다.

정아경의 수필에서도 이와 같은 의미들이 보인다. 수필 '완전한 슬픔' 에서 "내가 어떻게 할 수 없는 것이 '운명' 이라면 그걸 받아들이는 것이 유일한 방법이다. 온몸으로 받아들이는 것이다. 아파하고 슬퍼해야 한다. 더 이상 아플 것이 없을 때까지, 더 이상 슬퍼할 것이 없을 때까지, 고통의 끝에서 고통과 미주 선 뒤에야 비로소 치유가 되기 시작한다." 고 그의 견디기 힘들었던 고통의 경험을 통해서 들려준다.

'나이를 후무리고 싶다' 에서는 "마흔에 나는, 나를 본다. 마흔의 나는,

나이를 훔치고 싶다. 누구를 위해서가 아닌 나를 위해서 살고 싶다." 고 외치고 있다. '나에게 묻다' 에서는 "다시, 나에게 묻는다. 나는 왜 작가가 되고 싶은가. 나는 왜 글을 쓰는 것인가. 단순하고 진솔한 곳에서 감동이 온다는 것을 미처 깨닫지 못하고 억지 부리는 나를 본다" 라고 썼다. 그 외 '빗물로 씻는 자존심', '다시 시작이다' 같은 작품들에서도 자기 존재의 의미를 묻고 있다.

그 물음 속에는 수필이라는 장르가 가지는 특성인 고백적 성격을 유감없이 살려내고 있다. 그렇다. 내가 무엇인지 묻는 그 물음 속에 우리 삶이 도사리고 있다. 우리는 너무 먼 곳에서 삶에 대한 혹은 나에 대한 대답을 찾으려고 하고 있는지 모른다. 그런데 정아경의 수필은 우리의 일상에서 그 답을 찾으려 하고 있다.

'수다 그리고……' 에서 친구의 수다로 행복해지기도 했지만 "이제 돌아오는 길에 답답함이 사라졌다. 나만의 수다가 있기에, 하얀 종이 위에 만년필 들고 상념에 잠길 것이기에, 말주변이 없어 싫었던 내가 조금씩 좋아진다. 내가 좋아하는 것, 그것을 한다는 자신감으로 ……" 라고 써서 일상에서 자기 찾기의 묘를 보여주고 있으며, '12월의 어느 날' 에서 "식당에서 들고 온 반 남은 커피를 마셨다. 보약이었다. 몸속에 퍼지는 카페인은 엔도르핀이 되었다. 시간의 노예가 아니라 시간을 누리는 자가 될 수 있을 것 같았다." 는 깨달음을 얻는다.삶의 진실이 결코 멀리 있지 않음을 보여주고 있다. '만약에 내가' 는 제목부터 상상을 암시하지만 스스로의 삶에 체면을 걸면서 '만약에' 라는 상상을 감동적인 현실로 바꾸기 위한 노력을 다짐하고 있다.

'나에게 주는 선물' 에서 보여주는 독특한 자기 사랑 법은 특히 주목된다. "자동차 안에서 선물 증정식을 했다. '아경' 지난 시간 수고했어. 일하며 아이 키우느라 얼마나 힘들었니? 작지만 받아줘. 다음에는 더 큰 선물할게. 넌 이 선물 받을 자격이 충분해.' 라며 방금 포장한 선물을 풀었다. -중략- 그렇게 나는 나에게 선물을 주었다." 라는 내용이다.

이만하면 어떤가? 자신을 다스려가는 재치가 훌륭하지 않은가? 자신을 사랑할 수 있는 사람이 다른 사람을 사랑할 수 있고, 세상을 사랑할 수 있으리라는 것은 굳이 말하지 않아도 되지 않겠는가. 이런 작품은 작품에 대한 신뢰보다 작가에 대한 신뢰를 갖게 한다. 정아경의 수필은 이 같이 자기 긍정의 신념에서 출발하고 있다.

3

'소릿골 가을' 로 묶어지는 제2부는 한국의 보통 사람들이 살아가는 모습을 아름답게 펼쳐놓고 있다. 그 아름다움에는 설움의 빛깔이 묻어있고, 아픔의 빛깔도 묻어 있다. 그리고 그 설움과 아픔을 이겨낼 수 있게 하는 가족들의 사랑이 꽃으로 피어나고 있다.

딸로서, 며느리로서의 삶을 담담하게 펼쳐낸 '버팀목', '흑백 사진', '소릿골 가을'. 남편과의 사랑을 푸념으로 원망으로 풀어낸 '지금은 장마', '열쇠, 사랑을 열다', '지가, 스님이야'. 그리고 딸들에 대한 사랑 이야기 '엄마와 딸', '경험한다는 것', '거울', '개천에서 용을(?)' 등에서 정아경의 삶이 훤하게 드러난다.

이렇게 딸과 며느리로서, 한 남자의 아내로서, 두 딸의 어머니로서 그가

해야 할 일은 벅차고 또 벅찰 것이다. 그는 또 독서지도사로서 일하고 있고, 수필가로서 작품을 써야하는 짐을 지고 있다. 그 많은 일을 다 잘 해내기가 얼마나 어려운가. 불가능할지도 모른다.

그러나 정아경은 그 일들을 해낼 수 있는 힘을 가족들의 사랑에서 창출하고 있다. '버팀목에서' 아버지가 세뱃돈으로 준 삼만 원을 부적처럼 간직하며 힘을 얻고, '흑백사진' 에서는 가족들의 사신 속에시 사랑의 힘을 캐낸다. '소릿골 가을' 에서는 "도착하면 전화해래이~" 목 밑까지 올라온 울음을 참고 던진 한 마디는 차라리 절규다." 에서 볼 수 있듯이 그 사랑의 힘은 위대하다. 시어머니의 애타는 모성애 그게 어찌 힘이 되지 않을 수 있으랴.

친정과 시가(媤家) 식구들로부터 얻는 위안도 위안이지만 그의 가장 큰 힘은 그의 남편에게서 나온다. '열쇠, 사랑을 열다' 에서 "열쇠고리를 아까워하는 아내를 위해 시궁창에 고개 숙여 진지했을 남편의 마음 하나로 난 다시 나를 바라볼 수 있게 된다."는 것이나, '지금은 장마' 중에서 "평소에는 전화 한 통 없던 남편이 몇 번씩 문자를 보냈다. "생일날 늦게까지 수업하는 마누라……", "못난 남편 만나 고생하는 마누라……" 위로하고 싶어 보낸 남편의 문자는 참고 있었던 감정의 뚜껑을 여는 두드림이었다. 울컥하는 심정이 가슴을 뜨겁게 하자 눈물이 주체할 수 없이 흘렀다. 갓길에 차를 세웠다. 나에 대한 연민으로 한참을 훌쩍였다."는 얼마나 가슴 서늘하게 하는가. 그러나 실망할 때도 없는 것은 아니다. '지가, 스님이야?' 라는 다소 도발적인 작품에서 "야망도 욕심도 없는 남편의 적당주의가 참을 수 없었는데, 자신의 인생관을 한결 같이 지켜가는 것이 그의 매력으로 다가왔다.” 고 쓴 것이나. ‘천둥소리’ 에서는 섭섭한 마음을 드러내기도 하지만 그들의 사랑이 얼마나 굳건한 것인가를 잘 드러내는 작품이다.

사랑하기 때문에 티격태격 대는 부부생활을 비롯하여, 작은 것으로 사랑하는 남편이 있어 그는 이 험한 세상 당당히 버티고 서 있는 것이다. 수필이 소설과 다른 점은 바로 이런 것이다. 내 삶의 진실을 꾸미지 않고 드러내는 것, 그래서 그대로 믿어도 좋은 것, 그것을 담백(淡白)이라는 말로 표현해도 좋으리라.

이렇게 시가(媤家), 친정 식구들과 남편으로부터 받는 사랑은 그가 사랑하는 두 딸에게로 쏟아진다. 내리사랑이다. 작품 ‘경험한다는 것’ 에서 “타인에게는 아픈 만큼 성숙한다지만 딸에게는 너는 아프지 마라. 너는 함정 같은 그 감정에 발을 디디지 말라고 한다.”는 것이나, ‘엄마와 딸’ 에서 “어휴~내 팔자야” 라고 한숨을 뱉고 있지만 어머니의 모습을 자기에게 견주며 딸에 대한 사랑을 더욱 다짐하고 있다.

작품 ‘거울’ 에서는 “니가 극복해야 하는 일이다. 적응해!” 라고 매몰차게 몰아붙이기도 하고, ‘개천에서 용을(?)’ 에서는 “그래 개천에시 용 한번 만들어보자.” 고 다짐한다.

두 딸을 기르면서 겪는 어머니로서의 아픔과 교육 철학, 아프면서 당당하다. 그런 당당함이 정아경의 교육 철학이다. 이렇게 평범한 일상 속에서 진리를, 공감을 퍼 올리는 것이 정아경 수필의 매력이기도 하다.

4

‘5.18 저녁에’ 로 묶는 제 3부는 정아경이 사회를 바라보는 예리한 시각이 담겨있다. 나로서 가족의 일원으로서 존재하는 사람은 사회 속에서 나만이 아닌 인간이 된다. 그 인간으로서 겪게 되는 느낌 그것이 훌륭한 수필의 소재가 되는 것은 너무나 당연하다. 돌아보면 우리 사는 세상은 참 할 말 많은 세상이다. 잘나고, 가진 사람만을 위한 세상인 것 같기도 하다. 그러나 세상은 잘나고 가진 사람만의 것이 아니다. 못나고 가진 것 없어도 진실하고 성실한 사람들에 의해서 지탱되는 것이다.

정아경은 '가면놀이' 에서 "진실이 진실로 통하지 않으면 거짓이 된다. 점점 더 다양해지고 복잡해지는 삶이 펼쳐질 내일이다. 진실이 진실로 통하고 인간다운 삶이 공유될 수 있다면 살맛나지 않을까." 라는 희망을 갖고 있다. 그런 희망만이 아니라 그렇게 하기 위하여서는 '핏줄보다 더 귀한 것' 에서 " 더 이상 '피' 를 강조한 단일화를 내세우다가는 세계적인 왕따를 면할 수 없을 것이다. 나와 다른 모습으로 산다고 해서 비난하거나 차가운 눈길을 보낼 이유가 없다. 사람이 다양하듯 사는 모습도 다양한 것이다. 나와 같지 않으면 비난하는 옹졸한 의식에서 벗어나야 한다." 고 목소리를 높인다. 특히 이 작품에는 스스로가 핏줄 의식 때문에 겪은 고통이 녹아들어 있어 공허하지 않다.

그리고 '밥상' 에서 '한 솥 밥을 먹는다는 것은 아주 특별함을 의미한다.' 며 진정한 정은 허례허식만 가득한 밥상이 아니라 소박해도 인정이 담긴 '밥상' 을 통해 우리 사회가 너욱 아름다워지기를 바라고 있다. '꽃과 흙' 에서는 흙이 있어야 꽃이 피는 걸 모르고 모두가 꽃이길 바라는 세상을 원망하면서, "오늘날 우리들이 겪는 공허함은 어디서 오는 걸까? 물질적 빈곤에서 오는 것이 아니라 오히려 넘쳐나는 물질에서 생겨나는 것은 아닐까?' 라는 진단을 내놓기도 한다.

"농사나(?)" 라는 작품에서는 분노를 터뜨린다. "나의 논리로 용납할 수 없는 것이 있다. '시골 가서 농사나 짓지' 하는 말이다. 사업에 실패한 화이트칼라가 최악의 상황을 농사에 두고 하는 말이다. 농사는 도시 생활의 낙오자들이 대안으로 생각하는 마지노선이 아니다. 현실도피 하듯 차선의 삶으로 농사 이야기할 때 나는 화가 난다." 고 하는 의식들에서 건강한 정신을 만날 수 있다.

그리고 돈 때문에 못할 짓을 하고 있는 세상을 '또 다른 세상' 으로 인식하기도 하지만 그곳에 대한 호기심 또한 솔직하게 털어놓음으로써 그의 작품이 가슴 깊은 곳에서 우러난 것임을 알게 해 준다. 그리하여 공감을 얻게 한다. '비밀과 거짓말' 에서는 "마음은 물질로만 전하는 것이 아닐 것이다. 한 울타리에 사는 이들에게 내가 하는 말 한마디로 유쾌해 질 수 있다면 나는 그렇게 하고 싶다."는 실천 철학을 얻기도 한다.

'5.18 저녁에' 는 한 때 민주 투사가 되어 젊음을 불살랐던 그의 남편에 대한 믿음이 주가 되고 있지만, 그가 바친 젊음이 안타깝기만 한 현실에 서운함을 감추지 못하고 있기도 하다. '삶에도 되돌이표가 있다면' 에서는 그가 가르치던 학생이 아버지의 사업 파탄으로 더 수업을 받지 못하게 되자 자본주의 사회에서 돈의 위력을 다시 느끼게 하지만 그에 도전하듯 그 아이를 버리지 않고 가르치려는 의지를 보여주고 있다. '난 다음 주 목요일에도 준하네로 갈 것이다." 라고 다짐하는 것은 아름다운 세상을 만드는 일에 적극적으로 뛰어드는 일로 보지 않을 수 없다.

따뜻한 세상을 기리는 이런 의식에 부창부수라는 말이 연결되는 것은 절대로 억지가 아닐 것이다. 이렇게 정아경의 수필은 세상에 대한 애정과 뚜렷한 의식이 녹아있어 공허하지 않는 미덕을 안고 있다.

5

제4부는 '예술 한 접시' 로 묶어진다. 예술, 아름다움을 창조하고 표현하는 것을 이른다. 우리 삶에는 아름다운 것들이 많다. 그러나 그것을 보아내는 사람은 많지 않다. 우리 일상에서 아름다움을 읽을 수 있는 사람 그들은 모두 예술가다. 정아경은 길을 달리며 아름다움을 발견한다. "해인사로 달리며, 또 하나의 길을 만났다. 그 길은 문학의 길이다. 혼자가 아니기에 두렵지 않다. 길 위에서 길을 찾았다. 먼지 닦아낸 투명한 유리 같은 눈으로 세상을 본다. 청량한 바람 한 줄기 먼 길 위로 쏟아진다. 다시 나를 부르는……" 으로 끝낸 '길' 이란 작품에서 그것을 알 수 있다.

그리고 횟집에서 능란한 솜씨로 회를 쳐내는 요리사로부터 예술의 경지를 느낀다. 그래서 회가 담겨져 나오는 접시를 회 접시로 읽지 않고 '예술 한 접시' 로 읽을 정도다. "회를 뜬지 이십 년이 넘었다는 주인의 말처럼 그의 회 뜨는 솜씨는 '술(術)' 의 경지를 느끼게 한다. 오랜 시간의 땀방울이 쌓여 이루어진 그의 삶을 예술이라고 부르지 못할 이유가 있을까." 라고 반문한다. 그렇다. 작가의 주장에 얼른 동의할 수밖에 없다.

그런 의식은 '11월의 나는' 에서 더욱 두드러진다. 경제적으로 어려워도 영혼을 채울 수 있는 것에 행복함을 느낀다면 어찌 예술인이라 하지 않을 수 있겠는가. "누구나 자신의 생활에서 욕심내는 것이 있다. 내가 부리는 욕심은 '문화' 에 대한 것이다. 무엇을 의미하는지 모르는 그림 앞에 서 있지만, 그림처럼 나도 주목받는 존재 같다. 귀에 들어오지 않는 오케스트라를 듣고 있지만, 그 순간만은 내가 꽤 멋지게 느껴진다." 고 고백하며 예술적 끼가 그의 핏속에 흐르고 있음을 보여준다.

그런 정아경은 '남도의 빛깔' 을 통해 남도의 산천을 빛깔로 채색하여 글이 아닌 색으로 우리를 안내하기도 한다. "팔월의 싱그러움을 온몸으로 느낄 수 있는 곳으로 갔다. '보성 차밭' 이다. 차 밭 입구의 삼나무 길을 걸으며 초록에 젖어든다. 돌 지난 아기도 아장아장 걷게 만드는 길이다. 펼쳐진 차고랑은 초록 실 뭉치를 감아놓은 듯 한결같다. 초록 물감을 풀어서 뿌린들 이 보다 더 싱그러울까. 녹차 한 모금을 마시니 내 몸에서 초록물이 배어나는 것 같다." 고 쓰고 있다. 초록에 동화되는 그의 생각이 얼마나 싱그러운가.

'대가야를 걷다' 에서는 대가야국의 도읍지를 거닐며 과거와 현대가 어떻게 이어지는가를 보여준다. "대가야 왕릉 전시관에 들렀다. 철기시대에 번성했던 대가야의 유적이다. 그 중 44호 고분을 그대로 재현한 전시관은 커다란 무덤이다. 무덤으로 들어가는 듯 묘한 기분은 철기시대로 시간 여행을 떠나게 한다. 왕의 시신 옆에 두 명의 호위무사도 함께 누워 있다. 저승까지 가져가고 싶었던 왕의 절대 권력과 죽은 후에도 현재의 삶이 이어진다고 믿는 계세 사상은 순장이라는 장례 풍습을 낳았다." 고 쓰면서 행간에 비판 의식을 묻고 있다.

'여행을 떠나듯이' 는 상상을 펼쳐가는 작가의 의식이 매우 폭 넓고 깊음을 동시에 보여주고 있다. 상상이 예술의 바탕이 된다는 것을 생각할 때 정아경에 수필에 거는 기대를 더욱 크게 한다. '허공을 휘젓다' 는 형식적인 실험 작품에 속하는 것으로 아주 짧은 수필이다. 술을 매개로한 자유로움을 주축으로 하여 그리움의 언어로 허공을 휘젓고 있는 것이다. '꽃이 진 뒤' 에서 달성공원 돌담 옆의 노인들의 모습에서 그들이 꽃피웠던 젊음을 생각하는 성숙한 의식을 보여준다. '땡큐, 조용필' 에서는 조용필의 콘서트에 가서 빠질 만큼 빠져보기도 하는 젊음을 보여준다. '처음처럼' 은 고등학교 동창과의 우정이 시(詩)를 통해 더욱 깊어가고 있음을 보여주고 있다. "가난해도 내가 행복한 이유다. 시를 읽는 친구가 있고, 그 시가 좋아 함께 읽고 싶다는 친구가 있는 한 나는 행복할 것이다." 라고 하는 것이다. '국화를 닮고 싶다' 에서 보여주는 소박한 꿈, 즉 '값 비싼 향수보다 더 값진 국화 향' 을 느낄 줄 아는 그에게서 예술 사랑의 열기를 충분히 전해 받게 한다. 이렇게 정아경의 수필은 가난하게 살아도 행복을 느낄 줄 아는 예술인의 삶을 지향하는 좌표를 분명히 보이고 있다. 그것은 독자에게나 작가에게나 행복한 일이 아닐 수 없다.

6

정아경의 수필은 자기 긍정의 신념에서 출발한다. 스스로를 사랑하지 않으면 설 수 없는 세상에서 자기를 세우려는 의식이 꿋꿋하다. 그리하여 바탕이 굳건함을 보여준다. 그리고 삶의 진실을 멀리서 찾지 않는다. 일상적 삶을 통해 선서 올리는 삶의 아름다움이 공감의 폭을 넓히고 있다. 그리하여 친근함을 준다. 또한 세상에 대한 애정이 두텁고, 세상을 아름답게 하려는 의식이 뚜렷하다. 그 의식은 허구가 아니라 그가 겪은 삶의 아픔을 통해 형성된 것이다. 그리하여 믿음을 준다. 무엇보다도 예술적 삶을 지향하는 가치관이 그의 수필을 예술의 경지로 끌어올리려는 당찬 의욕을 보여주고 있다. 그리하여 기대하게 한다.

그럼에도 불구하고 남들이 다 쓰는 소재가 아닌 나만의 소재를 찾는데 힘을 쏟아야 할 것이며, 수필의 특성을 살려 경험한 것을 쓰더라도 그 경험을 남다르게 해석하기 위한 노력을 기우려야 한다는 주문까지 외면할 수는 없다. 정아경의 수필이 묘사를 성실히 하는 장점을 갖고 있지만, 묘사 능력이 서사의 전부는 아니라는 사실을 문장으로 실천해 나가야 할 것이다. 서사와 사색의 행복한 조우, 그 속에 아름다움을 담은 수필이 존재할 것이다.

무엇보다 중요한 것은 예술의 길은 남이 갔던 길을 따라가는 것이 아니라는 사실을 분명히 인식하는 것이다. 아무도 가지 않았던 나의 길을 가야 하는 것이다. 그 길은 험하다. 험한 것이기에 매달릴 가치가 있다. 정아경의 당찬 의욕이 그 길을 헤쳐 나갈 수 있을 것으로 믿는다. 그 길은 누구에게서 배울 수 있는 것이 아니라 스스로가 풀어가야 하는 것임도 아울러 깨달아야 할 것이다.

정아경수필집

나에게 묻다

지은이 | 정아경

초판 인쇄 | 2008년 12월 10일
초판 발행 | 2008년 12월 15일

펴낸이 | 신중현
펴낸곳 | 도서출판 學而思

등록번호 | 제346-2005-00017호
등록일자 | 2005. 6. 24

주소 | 대구광역시 중구 동산동 7번지
전화 | 053) 554-3431
팩스 | 053) 554-3433

• 이 책의 제작비 일부는
대구광역시 젊은예술가 창작활동지원금으로 제작되었습니다.